唤醒
孩子内心的种子

HUANXING
HAIZINEIXINDEZHONGZI

管秀英◎著

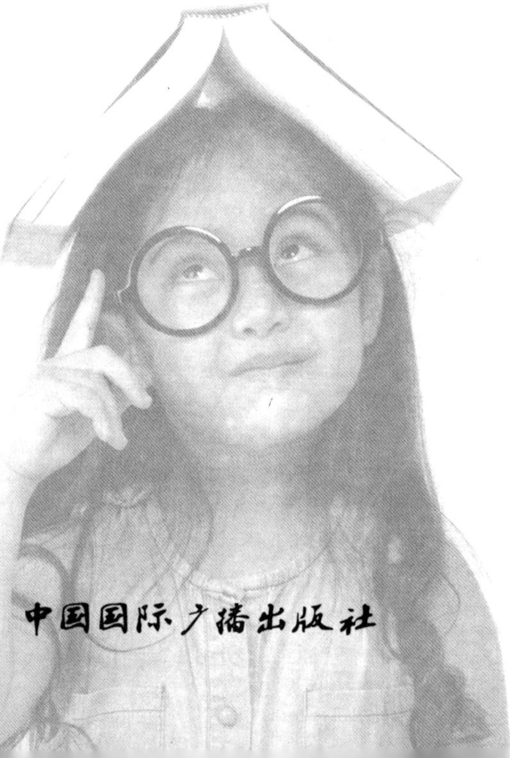

中国国际广播出版社

图书在版编目（CIP）数据

唤醒孩子内心的种子 / 管秀英著. -- 北京：
中国国际广播出版社, 2017.6
ISBN 978-7-5078-4025-4

Ⅰ.①唤… Ⅱ.①管… Ⅲ.①幼儿教育-潜能-开发 Ⅳ.① G61

中国版本图书馆CIP数据核字(2017)第085114号

唤醒孩子内心的种子

著　　者　管秀英
责任编辑　郭广
版式设计　华阅时代
责任校对　徐秀英

出版发行　中国国际广播出版社［010-83139469 010-83139489（传真）］
社　　址　北京市西城区天宁寺前街2号北院A座一层
　　　　　邮编：100055
网　　址　www.chirp.com.cn
经　　销　新华书店
印　　刷　北京毅峰迅捷印刷有限公司

开　　本　710×1000　1/16
字　　数　180千字
印　　张　15
版　　次　2017年7月 北京第一版
印　　次　2017年7月 第一次印刷
定　　价　36.80元

CRI 中国国际广播出版社　欢迎关注本社新浪官方微博　官方网站 www.chirp.cn

前 言

读懂孩子的内心世界

儿童教育的使命是什么？

儿童教育的使命就是唤醒孩子内心的灵性，激发出孩子潜藏在内心的能力。

现代生物学、生理学、心理学等学科的研究表明，每个孩子从诞生之日起，本身已经具备了成就自己的所有可能，这种可能就是潜能。他们所拥有的内在自我成长的动力、能力、秩序……就如一粒种子，只要让它们生根发芽，任何孩子都可以成为某方面或几方面的天才。对于每位家长和老师来说，我们需要做的，就是尽可能给孩子创造一个适宜生长的环境——一个充满爱和自由的环境——再加上合适的点拨、引导，帮助孩子成为人才。

其实，正如世界上没有两片完全相同的树叶一样，每个孩子也都有自己独一无二的天赋，并且这种天赋只能从内部唤醒并获得，而不是从外部学习而来。因此，发现孩子的天赋所在，并在它发展为可见的能力之前，认真看护、用心引导，这才是儿童教育，特别是幼儿教育的关键所在。

可是遗憾的是，在这个本来可以让孩子接受更好教育的现代社会，反而多数时候人为地阻止了这种遵从天性的教育，把孩子从原创、孤品变成了山寨、赝品，从自然人变成人造人。这是现代儿童教育的失误。

毋庸置疑，父母都想让孩子有出息，成人才，然而也正因为如此，大人们不断地以“爱”的名义，通过控制、束缚、灌输、强迫的方式，“教”

孩子知识，忽略了孩子的天赋秉性，忽视了孩子自动自发的学习能力，武断粗暴、一厢情愿地规划了孩子的人生，在这样教育理念成长下的孩子是不快乐的、呆板的、自私的，甚至素质低下。

所幸的是，在相关机构和各种媒体及学者、专家的大力宣传倡导下，很多家长已经开始意识到自身教育存在的问题，逐渐改变之前错误的思想观念及教育方式。

鉴于实际需要，本书通过许多新颖实用的建议和活动，向第一线的儿童教育者，特别是家长以及幼儿老师说明在帮助孩子实现他们真正才华的挖掘、发挥中应该如何有所作为。让他们懂得：在认识、激活、调动孩子的专注力、学习力、创造力、自控力、复原力、社交力、仁爱力、财富力的同时，孩子也就发现了自己的力量，并能用自己的力量最终成就自己。

可以说，本书既是一本关于父母的自我修炼书，同时也是一把开启孩子潜能的金钥匙。作为父母或者幼儿老师，当你读完了这里所有文章，会有一个比较清晰的理念框架，这样在遇到各种幼儿智力开发问题时，你基本上就会明白该如何做了。这才是我们所乐见的。

培养一个好孩子，不仅是对家庭负责，也是对民族发展负责，对未来社会负责。希望这本书能够给每一位家长和幼儿老师都带去帮助和启发，让每一个孩子都能在这个世界上挖掘、施展他们的天赋，获得快乐、幸福、成功的人生。

目 录

第一章

挖掘潜智力——唤醒孩子内心的种子

第二章
培养专注力——训练孩子做事聚精会神的能力

第三章
提高学习力——激发孩子对知识的渴望

第四章
开发创造力——鼓励孩子的求知欲和好奇心

第五章
提升自控力——让孩子做自己的主人

第六章

增强复原力——释放孩子的抗挫折潜能

第七章

发展社交力——为孩子将来走向社会预作准备

第八章
激活仁爱力——唤出孩子心中的真善美

第九章
打造财富力——让财商跟着孩子个头一起成长

第一章

挖掘潜智力

——唤醒孩子内心的种子

“好孩子不是得第一名，而是被唤醒了内心的种子。”

——林清玄

每个孩子都是一个小宇宙

我们习惯将每一个孩子比喻成一张白纸或者一个空空的容器，再由我们来任意填充、灌输。这其实是对孩子的天赋才能和道德人格的不负责任，甚至可以说是一种侮辱性教育。事实上，根据生物学、生理学、心理学等学科的研究，每一个孩子在初生时就已经具有了某些独特的天分或才能。这种能力在没有被激发出来之前，是潜藏在身体内的，因此称为潜能。孩子的潜能是巨大的，就好像是一个充满能量的小宇宙。

一个孩子的潜能到底有多大？

那么，孩子的潜能到底有多大呢？相信任何人都没有办法给出准确答案，我们只能说：无限大！

儿童心理学权威高尔涅依·丘可夫斯基在《从两岁到五岁》一书中写道：所有的儿童从两岁开始在短时期内成了天才的语言学家。我们举一个很简单的例子，一个孩子出生在中国，用不了三四年的时间，就会说、会听汉语；如果这个孩子碰巧出生在美国，他就会说英语；如果他碰巧出生在巴黎，他就会说法语；如果他出生在莫斯科，他就会说俄语……这难道不神奇吗？每个孩子都是语言天才！而这种语言天赋也只是他的大脑机能之一。

事实上，人的大脑就像一个无尽的宝藏。生理学家研究表明，人的大脑尚有90%的潜力未被动用。人的大脑细胞只用了10%左右，绝大部分处于“失业”状态。据科学家们推断，如果一个人在一生中好学勤思，孜孜不倦地工作，那么这个人一生贮藏的各种知识（或说是记忆信息）将相当于美国国会图书馆里藏书的50倍，也就是说人的大脑的记忆容量相当于5亿本书籍的知识总量。

这么大的脑容量几乎是无限大的，这是人间最大的奇迹。前苏联学者叶夫里莫夫还曾断言：

“一旦科学发展到能够更深入地了解脑的构造和功能，人类将会为储存在脑内的巨大潜力而震惊。人类平常只发挥了大脑功能的极少部分，如果人类能够发挥大脑的一半功能，那么人将会轻而易举地学会10种语言，背诵整套的百科全书，拿12个博士学位。”

再从大脑的结构来看，美国新泽西州普林斯顿医疗中心的首席病理学家汤姆斯·哈维博士曾经对爱因斯坦的大脑研究了 24 年，他得出的结论是：“到现在，爱因斯坦的脑子不比其他人的脑子大，而其脑 2.6 磅的重量也不比别人的脑子重。脑内的有些变化是随着年龄发生的，他的脑子也是如此，不比普通人变化多。”

这说明每一个孩子，只要大脑发育正常，都可以从大脑开发中获得聪明才智。所以，不论你的孩子现在是在襁褓中、在幼儿园、在小学、在初中、在高中，还是在上大学，如果你可以找到方法把他的潜能开发出来，那么，他就是天才！

为什么天才这么少？

既然每一个孩子都可能成为天才，那么，为什么真正称得上天才的人却并不多呢？

这是因为，潜能——这种巨大的能力可以说是我们的，但又并不真正属于我们。举个例子来说，潜能就像是自家土地下深埋的宝藏，虽然它在自家地下，但不去挖掘，这种东西就不能说是你的。所以说，不管你的孩子身上的潜能多么巨大，如果任凭它永远沉睡在一旁，不去唤醒它、点燃它、引爆它，就不会产生实际效用，没有半点价值。只有实现由潜能到显能的转化，变巨大潜能为巨大实力，才能够获得大的成功。

而且，更为可怕的是，许多孩子未能得到发展的天赋反而被当成杂草扼杀了，例如，很多家长动不动就斥责孩子“别摸”“别动”“乱搞”“害死人”……这会严重挫伤孩子的好奇心，孩子强烈的求知欲就会受到压抑，久而久之，便会形成一种疑虑心理，对什么都缩手缩脚，不敢大胆行动，严重的甚至对什么都不感兴趣，变成一个“小呆子”。

当然，还有很多家长则是望子成龙心切，不顾孩子身心发展的特点，不管孩子能否理解，是否有兴趣，是否乐意学习，也不注意选用适当的方法，只是一味地往孩子的小脑袋里灌输各种知识，结果也可想而知。毕竟，就算逼着诸葛亮天天练武，恐怕他也只能给关云长提靴子；爱迪生天天画蛋也成不了达·芬奇。

正如古希腊学者普罗塔戈所说：“头脑不是一个要被填满的容器，而是一把被点燃的火把。”对于每个家长来说，发现孩子的天赋所在，并在它熊熊燃起之前，小心看护、用心点拨，这才是家庭教育的关键。

造就多领域的小天才

不可否认，现在仍有许多父母认为，孩子如果学习成绩好，就是优秀的孩子，将来就有出息；反之，如果成绩不好，不管其他方面怎样，将来也一定没有什么大发展。

如果你还存有这种以偏概全的“一维”的评价模式，现实会狠狠给你一耳光：

达尔文：生物进化论的创始人，他在自传上说：“小时候所有的老师和长辈都认为我资质平庸，我与聪明是不沾边。”

牛顿：万有引力定律的发明人，经典力学的创始人，最伟大的物理学家之一：他在小学时的成绩是一团糟。

爱因斯坦：相对论的发明者，被誉为19世纪最聪明的人；他四岁才说话，七岁才认字。老师说他：“反应迟钝，不合群，满脑袋不切实际的幻想。”曾遭退学的命运，申请瑞士联邦技术学院时被拒绝。

罗丹：文艺复兴时期最伟大的雕塑家；他的父亲曾怨叹有一个白痴的儿子，报考艺术学院考了三次没成功，他的叔叔说：“孺子不可教也！”

托尔斯泰：俄罗斯文学泰斗，著有《战争与和平》《复活》等传世之作；读大学时因为成绩太差而被退学，老师认为他既没有读书的头脑，又缺乏学习的意愿。

丘吉尔：二战时期改写战争格局的英国首相；小学六年级遭留级。

……

现在，你还敢以孩子的分数“论英雄”吗？

事实上，学业成绩主要考查的只是孩子两个方面的能力：逻辑思维能力和语言能力。而人的潜能是多方面的。在美国哈佛大学教授、心理学家加得纳提出的“多元智能理论”中我们可以看到，在多元智能框架中，相对独立存在着8种智能，它们分别是：语言智能、数理逻辑智能、音乐智能、视觉空间智能、身体运动智能、自省智能、人际交流智能和自然观察者智能。也就是说，人与人之间也许根本不存在智力水平上的差别，只有不同智力优势、组合与发展速度上的差异。

台湾著名作家林清玄也说：好孩子不是得第一名，而是被唤醒了内心的种子。也许孩子的课业成绩不理想，但可能在歌唱、棒球、篮球、田径等方面很拿手。

每个孩子都是天才，作为父母，不能只用一把尺子、一个标准去评价孩子，而要用更开放的眼光看待孩子的智力成长，造就出多领域的小天才。

教子有方：多用脑子会损伤大脑吗？

常常听人说“用脑过度”这个词，有些家长就会担心多用脑子会损伤孩子的大脑，其实这是没有科学根据的。

事实恰恰相反，如果不用，大脑反而要衰退，这验证了法国生物学家拉马克的一句名言："用进废退"是大脑发育的规律。英国还曾出版过一本"大脑大搜查"的书，也证明了这--观点，书中说伦敦的出租车司机海马体比常人大。因为为了考运营驾照，他们必须花费几年时间掌握伦敦25000条街道,20000多个店的具体地址;反复涌入这么庞大的信息，让司机大脑的海马体比其他人大脑海马体大。一旦司机退休之后，又回归正常大小。

当然，过分地使用大脑，也是不可取的。人体的各个器官都要均衡使用，才能保证孩子健康快乐地成长。

发现孩子的优势潜能

德国哲学家莱布尼茨曾经给当时的国王讲哲学，他说：“世界上没有两片完全相同的树叶。”国王不相信，就让宫女们到后花园去找“两片完全相同的树叶”。结果不用说，宫女们折腾半天，一个个空手而回。别看一片小小的树叶，如果仔细考究起来，它所具有的属性同样是无穷多的：长短、大小、宽窄、厚薄、色彩、纹理等。其中的每一种属性都可以再细分出许多种。要想找出两片树叶，其各自属性完全吻合，显然是办不到的。

树叶是这样，人更是如此。每一个孩子都有自己独一无二的天赋，问题在于我们父母如何发现孩子的优势潜能在哪一方面。

利用潜能自查表发现孩子潜能

这是美国耶鲁大学罗伯特·斯腾伯格博士研究的一种“多方面”的测验，这种测验可以帮助你发现孩子的某项或多种天赋。各位家长、老师，不妨来对照一下吧：

1. 他在背诗和有韵律的句子时很出色。
2. 他很注意你在愁闷或高兴时的情绪变化，并做出反应。
3. 他常常问诸如“时间从什么时候开始”“为什么小行星不会撞到地球”这样的问题。
4. 凡是他走过一遍的地方，很少迷路。

5. 他走路的姿势很协调，随着音乐所做的动作很优美。
6. 他唱歌时音阶很准。
7. 他经常会问“打雷、闪电和下雨”是怎么回事。
8. 你如果用词用错了，他会给你纠正。
9. 他很早就会系鞋带，很早就会骑车。
10. 他特别喜欢扮演什么角色或编出剧情。
11. 出外旅行时，他能记住沿途标记，说：我们曾到过这里。
12. 他喜欢听各种乐器，并能辨别它们发生的声音。
13. 他画地图画得很好，路线清楚。
14. 他善于模仿各种身体动作及面部表情。
15. 他善于把各种杂乱的东西按规律分类。
16. 他善于把动作和情感联系起来，譬如他会说：“我们做这件事兴高采烈。”
17. 他能精彩地讲故事。
18. 他经常对不同的声音发表评论。
19. 他常说某某像某某。
20. 对别人能完成与不能完成的事他能做出准确的预测。

测试结果：

1. 如果孩子在 1、8、17 条表现突出，代表他可能有很好的语言天赋。

2. 如果孩子在 6、12、18 条表现突出，代表他可能有很好的音乐才能。

3. 如果孩子在 3、7、15 条表现突出，代表他可能在数学、逻辑方面有天赋。

4. 如果孩子在4、11、13条表现突出，代表他有很好的空间想象的才能。

5. 如果孩子在5、9、14条条表现突出，代表他有很好的身体动觉才能。

6. 如果孩子在10、16、20条表现突出，代表他有很好的自我认识才能。

7. 如果孩子在2、10、19条表现突出，代表他有很好的认识他人的才能。

在日常生活中发现孩子潜能

其实孩子的优势潜能，往往就表现在他最感兴趣的东西上面。只要在日常生活中认真仔细地观察，再加上多领域、多层次、全方位地试探，你总会发现孩子身上的天赋。

我国著名的文学翻译家、文艺评论家傅雷的教子经历或许会给你一些启发。

最初，傅雷曾让傅聪学习美术，因为傅雷觉得自己精通美术理论，又有许多朋友是中国画坛巨匠，如果傅聪能拜他们为师，博采百家之长，定会在绘画上大有作为。

可是，学了一段时间，傅雷发现傅聪在学画时心不在焉，那些习作几乎都是鬼画桃符，信笔涂鸦，丝毫没有显露出预期的那种美术天赋。而与此同时，傅聪的一些细微爱好则引起了傅雷的注意。他发现儿子钟情于家里的那架手摇（发条动力）留声机，每当留声机在放音乐唱片时，儿子总是一动不动地依靠在它旁边静静地听，而每当此时小男孩那固有的调皮好动的天性即一扫而光。于是傅雷果断地让傅聪放弃学美术而改学钢琴，此时傅聪已7岁半了。但傅聪的每一个细胞好像都是为音乐而存在的，他学琴仅几个月，就能背对钢琴听出每个琴键的绝对音高。启蒙老师雷垣教授也肯定了傅聪“有一对音乐的耳朵”，之后，傅雷最终认定，自己确实发现了傅聪的音乐天赋。

在傅雷的精心教育之下，傅聪脱颖而出。19岁的夏天，经过选拔，傅聪前往罗马尼亚，去参加第四届国际青年学生和平友好联欢节钢琴比赛，获钢琴演奏三等奖。21岁时，他又参加了第五届肖邦国际钢琴比赛，获三等奖，震惊了中外乐坛。

傅雷这种“观察＋试探”的方法对客观判断孩子的天赋特长有极其重要的促进作用。我们大可借鉴过来：可先在文学、历史和哲学上试试；如没兴趣，可在数学、物理和化学方面试试；如少激情，可在音乐、绘画和舞蹈方面试试；如缺冲动，还可在游泳、影视和电脑方面再试试看……这样不断地尝试、不断地观察、不断地发掘，周而复始、久而久之，孩子的某种天赋领域总能被发掘到。

一旦孩子在某领域能够做到举一反三、教一识百、融会贯通、匠心独运之时，就说明已经发掘到属于他自己的天赋领域了。之后可以顺着这一点逐渐展开，通过让孩子尝试接触这一点周围的各种活动来刺激他，从中再发现孩子究竟在哪一点上更突出。此时若能够得到家长和教师的培养与关注，其崛起为天才的时候也就不远了。

教子有方：孩子的兴趣不代表孩子的潜能

很多家长会将潜能和兴趣混为一谈。孩子的潜能确实会表现在他最感兴趣的东西上面，但孩子最感兴趣的东西却不一定就是其天赋所在。

兴趣和潜能，其实这是两个不同的概念。兴趣的范围很广，所含感性因素偏多，而潜能则是对一事物更高层次的感知和领悟了，比如孩子喜欢看动画片，这只能说明他爱好看电视，这不是潜能。

那这样的兴趣就没有用了吗？那也未必，你也可以将之转化为孩子的潜能，比如孩子喜欢看动画片，你可以在第二天就片中的情节提问，这样就激发了孩子的记忆潜能：还可以引导孩子一起猜测下一集的内容，这会激发孩子的想象潜能。这样，所谓的不良兴趣爱好也成功地转化为正面潜能了。

孩子各项潜能发育的敏感期

一粒种子什么时候发芽、什么时候开花、什么时候结果，是受时节影响的。孩子的成长也是如此，而孩子成长的时节就是孩子的“敏感期”。

敏感期对一个孩子来说意味着什么

敏感期的概念，是由意大利著名的教育家蒙台梭利提出来的。她说：“当一个新的生命降生时，它自身就包含着一种神秘的本能，这个本能将指导它如何活动、形成什么样的特性及怎样适应环境。”

这个“本能”就是敏感力，通俗说就是孩子学习知识和技能的内驱力。这股力量使孩子对感兴趣的事物产生探索或学习的狂热欲望，直到满足了这种欲望，这股驱动力才会消逝。而拥有内驱力的这段时期，就称为敏感期。

如果父母可以在孩子潜能发育的敏感期，给孩子恰当的教育，为孩子提供某项技能和能力发展的环境和条件，孩子的天赋才能发展成为真正的能力。反之，错过了孩子的成长敏感期，即使事后付出再多的努力，也可能收效甚微。

“狼孩”的故事就是一个很好的证明：

“狼孩”从小就与狼生活在一起，他拥有像狼一样的生活习惯，四足着地行走、吃生肉、像狼一样吼叫。后来，他被人类发现，带回人类世界。科学家像教婴儿似的教他各种知识和能力，希望他能像正常人一样生活。

最终，科学家们花了几年的工夫，狼孩终于学会了穿衣服，用腿行走，但他始终也不能说出一句连贯的话来，要表达什么时，还仍然习惯于像狼一样吼叫。

而这种现象的产生，原因就在于“狼孩”错过了学习语言的最佳时期——幼儿时期，因此，他的语言能力也就永远消失了。

可见，敏感期对于孩子来说有多重要！一个真正爱孩子的父母，应该根据孩子的敏感期，给予孩子正确的引导和帮助。

孩子潜能发育的 9 大敏感期

幼儿专家蒙台梭利归纳出以下九大敏感期：

1. 语言敏感期 (0 ～ 6 岁)

意义：语言敏感期是孩子开启语言功能，并逐渐发展和完善这种功能的阶段。

特征：当你发现孩子开始注视大人说话的嘴型，并发出呀呀学语的声音时，就说明孩子已经进入了他的语言敏感期。这个阶段一般出现在一到两岁左右。

培养：在孩子语言敏感期出现的时候，父母如果能适时指导，提供给孩子说话、练习或听的机会，适当对孩子进行阅读训练，和孩子一起做汉字游戏等，就可以得到事半功倍的效果，为孩子以后的语言学习打下良好的基础。

2. 秩序敏感期 (2 ～ 4 岁)

意义：蒙台梭利认为如果成人未能提供一个有序的环境，孩子便“没有一个基础以建立起对各种关系的知觉”。当孩子从环境里逐步建立起内在秩序时，智能也因而逐步建构。可以说，秩序敏感期就是孩子发展智力的根本期。

特征：秩序敏感期的孩子会呈现出三个不同的阶段：第一个阶段是

会因为秩序的破坏而哭闹，秩序一旦恢复就会安静下来；第二个阶段是会为了维护秩序而说不，自我意识开始萌芽；第三个阶段是会为了维护秩序而执拗，一切要重新来。

培养：正处在秩序敏感期的孩子，特别需要父母的理解和帮助。尽可能给孩子提供一个有秩序的环境，不仅能让孩子养成整洁有序的习惯，还能使孩子获得更完善的成长空间。

3. 感官敏感期 (0 ～ 6 岁)

意义：感官敏感期是孩子综合发展身心的基础期，也是孩子认识世界的关键期。

特征：孩子从出生起，就会借着听觉、视觉、味觉、触觉等感官来熟悉环境，了解事物。所以他们会喜欢吃手，会喜欢咬人，会喜欢涂色，会喜欢玩沙子和水，会讨厌换奶粉等。一般来说，孩子各感知器官敏感期时间分别为：胎儿时期听觉的发展就开始了；0–0.5 岁是婴儿视觉发育的敏感期；0–2 岁是触觉发育的敏感期；3 岁左右是方位知觉发言的敏感期；2.5–3 岁是大小知觉发展的敏感期；3–6 岁观察力发展的敏感期。

培养：父母可以在家中准备多样的感官教材（蒙台梭利设计了许多感官教具，如：听觉筒、触觉板等），尤其当孩子充满探索欲望时，更要随机做好引导，只要孩子的行为不对自己、他人、环境造成危害，大可让孩子尽情运用五官来感受这个世界。

4. 细节敏感期 (1.5 ～ 4 岁)

意义：细节敏感期能唤起孩子内在意志对注意力的控制，培养其敏锐观察力和高度专注的品质，这也正是孩子高级智力活动和思维发展的基础。

特征：如果你的孩子变得对一些细小的事物特别感兴趣，像观察蚂蚁、小虫子等，或者掉在地上的一个小扣子、一块小纸片，也会捡起来看一下玩一会儿，这就是到了细节敏感期的表现。

培养：如果家长可以在这一时期及时为幼儿提供一个刺激丰富的环境，那么孩子就有更多的机会获得更丰富而细致的感官经验，这也会丰富孩子的心灵世界。

5. 动作敏感期 (0 ～ 6 岁)

意义：动作敏感期是在孩子发展中最易观察到的一个敏感期。动作是孩子思维的起源，不同动作的掌握对孩子的心理发展有着重要的意义，也与孩子智力的发展和性格的形成有很大关系。

特征：动作敏感期从孩子出生开始就有所表现，当妈妈把手指放到婴儿的小手心里，他立即会抓住不放，若是将某个东西靠近他的嘴角，他也会迅速地吮吸，这些都是孩子在动作敏感期的体现。孩子在动作敏感期的发展主要可以分为两大板块：一是大动作，主要是指身体运动比如走路等，其敏感期是 1 ～ 2 岁，二是手的动作，手的动作是伴随着走路而发展的，孩子走到哪里，手就抓到哪里，手的动作敏感期是在 1.5 ～ 3 岁。

培养：孩子活泼好动的时期，父母应充分让孩子运动，使其肢体动作正确、熟练，并帮助左、右脑均衡发展。除了大肌肉的训练外，蒙台梭利则更强调小肌肉的练习，即手眼协调的细微动作教育，不仅能养成良好的动作习惯，也能帮助智力的发展。

6. 社会规范敏感期 (2.5 ～ 6 岁)

意义：社会规范敏感期是孩子认识、理解以及形成社会规范行为的最佳时期。

特征：这一时期，孩子会喜欢追求完美，会喜欢说不，会喜欢黏人，会喜欢与别人交换玩具，会喜欢问我从哪里来，全成天喊着我是 XXX，会想要和某个人结婚，会想要做家务……这些细节都是孩子进入了社会规范敏感期的重要表现。

培养：在社会规范敏感期，父母应与孩子建立明确的生活规范，日常礼节，使其日后能遵守社会规范，拥有自律的生活。

7. 书写敏感期 (3.5 ～ 4.5 岁)

意义：书写敏感期是奠定孩子良好书写基础的关键时期。

特征：这个时期的孩子会非常喜欢拿着笔乱写，他们通常要经历戳戳点点、写不规则直线、画不规则的圆、写成人能够看得懂的字、写规范的字五个阶段。

培养：在书写敏感期，让孩子对写字产生兴趣，要远远比教给他们如何写更重要。甚至还可以鼓励孩子大胆使用自己创造的标记和符号，激发孩子学习书写的兴趣，然后再慢慢地帮孩子掌握正确的握笔姿势，和孩子一起快乐地渡过书写敏感期。

8. 阅读敏感期 (4.5 ~ 5.5 岁)

意义：阅读敏感期是培养孩子爱看书的最好时机。

特征：当阅读敏感期到来时，孩子开始“痴迷”各种带文字或图片的东西，包括各种图书、报纸、广告牌、宣传画，甚至合同书。阅读时他们也不再单纯停留在图画书多彩而有趣的图案上，对图画书上的文字也产生了浓厚的兴趣。孩子往往会要求大人念图书上的名字，然后自己再一个字一个字地朗读几遍，甚至用手指着图书上不认识的文字，边“读”边看。

培养：在阅读敏感期，父母可多准备一些图文类书籍，布置一个书香的居家环境，使孩子养成爱阅读的好习惯，成为一个“学识渊博”的人。

9. 文化敏感期 (6 ~ 9 岁)

意义：文化敏感期是孩子探索发现的最佳时期。

特征：蒙台梭利指出幼儿对文化学习的兴趣，萌芽于三岁，但是到了六至九岁则出现探索事物的强烈要求，因此，如果你发现孩子特别喜欢打破砂锅问到底，经常提出一些奇奇怪怪的问题将你问得哑口无言，这一切细节都是孩子在告诉你——我进入文化敏感期了。

培养：蒙台梭利说，文化敏感期之时，“孩子的心智就像一块肥沃的田地，准备接受大量的文化播种。”父母可在此时提供丰富的文化资讯，以本土文化为基础，延伸至关怀世界的大胸怀，让孩子可以自由地去汲取、去涉猎。

教子有方：孩子敏感期不敏感怎么办？

其实，现在很多家长对于“敏感期”这一词语并不陌生，甚至很多家长为此而恐慌：为什么孩子一岁了还不会说话？为什么孩子两岁了连最简单的几个字都还不认识？

这其实是曲解了敏感期真正的意义。每个孩子都是一个与众不同的个体，他的敏感期或者早一些，或者晚一些，这无关紧要。大人要做的就是带着爱去观察孩子，去体验和孩子在一起的快乐，这里没有什么控制或者刻意的引导，当你企图从敏感期的各种标签中找到孩子当下发生的答案，这只是一种投射，没有真正的观察，你的心也根本没有真正落在孩子身上，你只是活在经验记忆的投射里。自由的观察，你才会走进孩子的内心世界，你才会读懂孩子。

按照天性养育孩子

比发掘孩子天赋更重要的是尊重天赋，正如美国作家查尔斯在他的著作《按照天性养育孩子》一书中所写：“每个孩子的生活都以某种线索和符号标志出他应该发展的方向。有头脑的父母会抓住孩子身上的这些线索和符号。父母养育子女的基本原则应该是按照孩子的天性去养育他。”

抛弃你那不切实际的期望

1974 年，英国乔安·佛里曼教授开启了这样一项研究：她将 210 名在数理、艺术与音乐领域中具有特殊天赋的孩童列为观察对象，结果发现只有 3% 的孩子可以将这些才能发扬光大，更上一层楼。她说：“以一般人的标准来看，也许只有 6 名孩子被认为是成功的。天资聪颖的孩童在六七岁时，潜力可以发挥到极致，但是有许多孩子会陷入潜能受阻的情况。”

为什么会出现这种情况呢?

佛里曼在研究中发现，有些做法激进的家长会给这些具有特殊天赋的孩子过多的压力，甚至将他们与同龄的朋友分开，只为了发展所谓的特殊潜能。而正是由于他们无法像同年龄的孩童一样，拥有快乐的童年，反而没办法发挥潜能。佛里曼强调：“具有天赋的孩子也是正常人，但是他们却必须面对特殊挑战，尤其是外界对他们不切实际的期望，使他们与同年龄的孩子相较之下，显得奇特却不开心。”

其实，发现孩子具有某方面的独特天赋，进而希望他们的特长达到一定的水准，这样的想法本身无可厚非。但是，你的这些想法，往往会在不知不觉中给孩子带来心理上的压力，甚至让他们对自己的天赋产生厌倦，让特长变“短”。

事实上，即使孩子在艺术、语言、逻辑思维或者运动等方面非常有天赋，这也并不代表着，他一定就得成为艺术家、学者、数学家、运动员等。抛弃你那不切实际的期望，或许他们就能更好地发挥自己的天赋，反而会达到人生的巅峰。

放养——把自由还给孩子

这里“放养”孩子的真正意义就是：要尊重孩子的个性和人格，尊重孩子的兴趣和爱好，营造一种民主和谐、充满人文关怀，崇尚个性，追求独特风格与创新精神的文化氛围，只有这样，才能使孩子处于一种愉悦的心理状态中，促进孩子的个性化学习。

原中国外交部长李肇星的夫人秦小梅女士曾经说过这样的一件事：

她的儿子李禾禾在上学前班前，曾经学过一年的绘画，没想到他在学前班画的毛笔画《小蝌蚪找妈妈》竟得了少年儿童绘画比赛二等奖，于是她在高兴之余便认为儿子一定会在绘画上有所发展。但经过一段时间的观察发现，禾禾的心思并不在绘画上，于是她也就没再勉强他学画画了。没料到的是，禾禾上小学三年级时突然喜欢上了数学，自己还报了奥林匹克数学班，每个星期天不用她督促，禾禾自己就会从东城骑着自行车去西城的奥校上课，而且风雨无阻。后来的数学成绩特别的好，直到他凭借自己的努力以优异的成绩考上了北京四中。

应该说秦小梅女士这种对孩子看似是“放任自流”的做法是对的。很多时候，你设定的“指标”不一定是孩子想要努力的方向，随着孩子自我世界的逐步发展与完善，他们往往会主动寻找自己的兴趣、意愿。

对此，父母应该审时度势，尊重孩子的意愿，给他们提供相应的条件，帮助其成才。

在现实生活中，父母对孩子的期望“有意栽花花不成，无心插柳柳成荫”的现象时有发生。如果你只知一味地以自己的喜好来强迫压制孩子，就有可能使孩子产生逆反心理，严重的还会影响你和孩子间的关系。其实，在日常生活中我们应该做个有心人，时刻关注孩子各方面的表现及特点，抓住有利时机，适时引导教育。这样，孩子的潜能才有可能得以挖掘，你美好的希望才有可能得以实现。

别和孩子的天赋对着干

假如你的孩子带着这样的成绩报告单回家：语文 95 分，英语 80 分，数学 32 分，自然 76 分，社会 90 分，你最关注哪门学科？

结果，81% 的父母选择数学，只有 7% 的父母选择语文。很显然，数学成绩需要关注，因为数学的成绩最差，加之其又是主科，如果孩子学不好它，就不能上大学。

换句话说，更多的人认为成功的关键是克服缺点、弥补缺陷，而非施展天赋、发扬长处。理由是——“木桶理论，短板效应”。意思是一个由许多块木板箍成的木桶，如果有一块木板很长，而有一块木板很短，它的最大盛水量就只能达到最短木板的上沿。因此，决定一只桶的容量，不是组成桶的最长的那块木板，而是最短的那块；决定一个人或一项事业成败的不是特长或优势，而是缺陷或劣势。找出你的那块最短的木板，修补它、完善它，你的“容量”自然会提升。

不过，运用辩证法来回答这个问题的话，我们的答案是：一个人要想成才，既要发扬长处、发展强项，又要克服缺点、弥补缺陷。但是，如果要想出类拔萃，就必须腾出时间和精力来把自己的强项磨砺得更加犀利。我们必须记住，关注并设法控制弱点，虽然有时确有必要，但这只能帮助我们避免失败，而不能帮助我们出类拔萃，唯有了解并发扬自身长处才能出类拔萃。

而作为父母，我们的责任就是去发现孩子特有的天赋，并找到适合自己孩子特点的教育方式和方法。与其总是想着孩子欠缺的，不如多想想孩子擅长什么。每一个孩子，都有上天赋予他的独特才能，每一个孩子都等待在这个世界上施展他们的天赋。

教子有方：父母应该学习的九大权威家教法

1. 卡尔·威特：全能教育法

卡尔·威特认为，“对子女的教育必须与孩子的智力曙光同时开始”，他确信，只要坚持这样去做，一般的孩子都能成为不平凡的人才。

2. 塞德兹：天才教育法

塞德兹认为在教育上最重要的是，不要胡乱给孩子灌输术语和公式，而要诱导他们自由地发挥出天才潜在的能力。

3. 约翰·洛克：全面教育法

洛克主张要把年轻人培养成有强健身体、有一定知识、有才干、具有优雅态度并善于处理各种事务的绅士。这种教育要从德、智、体三方面着手。

4. 蒙台梭利：特殊教育法

蒙台梭利认为，教育的最终目的，就是追求孩子的行为和思想趋向正常，使教育呈现全面性的秩序化。

5. 斯宾塞：快乐教育法

斯宾塞提出了“逃走教育，快乐教育”的教育理念，强调“对儿童的教育应当遵循心理规律，符合儿童心智发展的自然顺序”。

6. M. S. 斯特娜：自然教育法

在斯特娜教育思想中，母亲有着不可替代的作用，在她看来，所有的人都是母亲所生，并在母亲抚育下成长着，所以人类的命运操纵在母亲手中。

7. 铃木镇一：才能教育法

铃木才能教育的方针是：“为培养孩子美好的心灵、敏锐的感觉、优良的能力，而让孩子们学拉小提琴即通过小提琴来塑造人。”

8. 多湖辉：实践教育法

多湖辉认为培养孩子最好的方法，就是使父母成为“教育的实践者”。

9. 井深大：早期教育法

井深大认为“一个人在成年后会变成什么样的人物，在很大程度上是他的幼儿期受母亲‘意识’影响的结果。”

第二章

培养专注力

——训练孩子做事聚精会神的能力

"天才，首先是注意力。"

——乔治·居维叶

成功来自于专注力

让我们先来看一份《财富》世界500强企业的简历：

沃伦·巴菲特专做股票，很快做到了亿万富翁；

乔治·索罗一心搞对冲基金，结果成了金融大鳄；

女作家罗琳40多岁开始写作，而且专写哈里·波特，竟然写成亿万富婆；

洛克菲勒专心于石油产业，最终成为同一时代最有钱的商人；

福特专心于生产廉价小汽车，结果成为有史以来最富有和最有权势的人物；

卡耐基专注于钢铁事业，积聚了宏大的财富；

吉列致力于生产安全刮胡刀片，使全世界的男人都能够把脸刮得“干干净净”，这也使他成为一名富翁；

世界首富比尔·盖茨，也是一条路走到底。钱再多，都只做软件；

零售业的龙头老大沃尔玛，自始至终只做零售；

通用汽车，一百多年来只做汽车与配件；

UPS公司发展到今天，只求用最快的速度把包裹送到客户手中，这样把业务做到了全世界；

……

你看到了什么？没错，他们的成就都得益于专注力。

什么是专注力?

专注力，就是我们常说的注意力。我们都知道，如果用放大镜在强烈太阳光下对准一张白纸，几秒钟之内，白纸就会燃烧起来。而专注力，就是把所有光线集中到一点的凸透镜。对孩子来说，就是能够将焦点或意志集中在某一件事物上，而不被外界所干扰的能力。

一般来说，它包括以下四种品质，这也是衡量一个人注意力好坏的标志。

1. 注意的稳定性

指一个人在一定时间内，比较稳定地把注意集中于某一特定的对象与活动的能力。例如，当孩子在看漫画图书时，可以连续1小时集中注意力，而对同学的干扰不放在心上。这就表明他看漫画时，注意力的稳定性比较好。

2. 注意的广度

也就是注意的范围有多大，它是指人们对于所注意的事物在一瞬间内清楚地觉察或认识的对象的数量。研究表明，在一秒钟内，一般人可以注意到4—6相互间联系的字母，5—7个相互间没有联系的数字，3—4个相互间没有联系的几何图形。当然，不同的人具有不同的注意广度。一般来说，孩子的注意广度要比成年人小。

3. 注意的分配性

指一个人在进行多种活动时能够把注意力平均分配于活动当中。比如，孩子上课的时候，需要一边听老师讲课，一边做笔记。

4. 注意的转移性

指一个人能够主动地、有目的地及时将注意力从一个对象或活动调整到另一个对象或活动上。例如，在孩子看完一个有趣的片子后，你来给孩子讲解数学的解题思路，如果孩子能迅速地把注意力从片子中转到解题当中，孩子的注意转移性就不错。

良好的注意力品质，既要求我们能够持久地稳定注意力，又要求我们能够主动迅速地转移注意力。当然，每个孩子的注意力品质都是不一样的，有些孩子注意力广度比较好，有些孩子注意力稳定性比较好，有些孩子则是注意力分配性和注意力转移性比较好，这些差异都是因人而异的。

专注力对孩子的意义

孩子的专注力，就是一切学习的开始，也是孩子最基本的适应环境的能力。俄罗斯教育家乌申斯基曾精辟地指出：“‘注意’是我们心灵的唯一门户。意识中的一切，必然都要经过它才能进来。”孟子也曾讲过一个“学奕”的故事：有甲乙两人向下棋名手奕秋学棋，其中甲全神贯注地听老师讲课，而乙则心不在焉，只想着怎样弯弓搭箭去射下飞来的天鹅。结果最后甲成了下棋高手，而乙却一事无成。这其实就已经生动的说明了专注力的重要性。具体来说：

1. 专注力可以提高孩子的学习能力

当孩子能够专注于某件事情的时候，他们就会主动去探求未知的东西，寻求解决问题的办法。比如，经常喜欢搭积木的孩子更容易掌握组合与分解的知识技巧，这可以提升数学思维能力。

2. 专注力可以提高孩子的学习兴趣

一旦孩子把注意力集中在学习某件事情的时候，他们就可以更快地进入学习状态，能更为有效的获取并消化知识。孩子就会慢慢的对学习某事产生兴趣，主动进行学习，遇到困难也能够迎难而上。

3. 专注力可以激发孩子的好奇心

当孩子更专注时，就可以更深入地思考问题。比如孩子在搭积木时，开始可能只会往上码高。逐渐地，他会尝试着往左右搭，或组成新的图形。

4. 专注力可以锻炼孩子的心理素质

专注可以帮助孩子克服散漫的习惯，能够沉着冷静地处理问题，形成稳定的心理素质。显而易见，当孩子热衷于某一件玩具并长时间摆弄时，不知不觉中也就锻炼了他的恒心和毅力。

5. 专注力还可以提高孩子的自信心

由于能够专心于自己所做的事情，孩子也就更容易获得满意的结果，更能体验到成功的快乐。如果再得到父母的夸奖，孩子就会更加自信。

这一切都说明，专注力的培养是件十分重要的事，它关系到孩子智力的发展，影响孩子学习的效果，因此必须从小加以培养。

孩子专注力的特点

要想提升孩子的专注力，就必须要了解孩子专注力的特点。

1. 孩子年龄越大专注时间越长

事实上，孩子从一出生开始就已经有了注意力，例如，当被问到“妈妈或爸爸在哪里”时，几个月的孩子就会把头转向父母所在的地方。只不过，他们这时的注意力很不稳定，而且都是无意注意。

孩子 2 岁以后，注意力的范围会不断扩大，注意的能力也逐渐提高。儿童心理学研究表明，2 岁宝宝的平均注意力集中时间长度大约为 7 分钟，3 岁时约为 9 分钟，4 岁时约为 12 分钟，5 ~ 7 岁的孩子能够集中注意力 15 分钟左右，7 ~ 10 岁时约为 20 分钟左右，10 ~ 12 岁时 25 分钟左右，12 岁以后的孩子方可集中注意力半个小时左右。当然这只是一个平均值，每个人的注意力时间长短都不一样，这一点与人的心理素质、环境因素、教育等都有一定关系。但是普遍来说，孩子在 12 岁后基本能够达到正常成人的状态。

2. 专注力分散是孩子的普遍问题

从上文我们还可得出一个结论，那就是：孩子的注意力是很难长时间集中的，他们很容易受外界环境的干扰而走神，会因为内心的情绪波动而被干扰，这都是正常的心理情绪。

不过，值得注意的是，注意力不集中在男孩子和女孩子之间的表现是有差别的。男孩子好动，坐不住，静不下心来，而女孩子能静下心来，但有时候会发呆和幻想。通常男孩子的好动会引起家长的注意，但一个安静的女孩子上课发呆，老师就不会那么容易发现，因此，对女孩子这种注意力的问题尤其要引起足够的重视。

孩子的专注力是其他所有能力的支撑点，因为没有任何一种能力是不需要专注力的，每个人都不能在完全无意识的情况下做出成就。有了专注力，他们才能集中精力去清晰地感知一定的事物；有了专注力，他们才能深入地思考一定的问题，而不被其他事物所干扰。所以，在孩子很小的时候，就要重视并培养孩子的专注力。

教子有方：等孩子大了，专注力不就自然提高了吗？

专注力的发展所呈现出的阶段性特性，会让很多家长和老师形成一种错误的认识，认为孩子还很小，之所以不能集中注意力是因为淘气、不懂事，等到孩子年龄大了，专注力自然就提高了。

的确，随着年龄的增大，孩子的专注力会有所好转，但是，这有一个误区，你所做的仅仅是孩子自身的纵向比较，即用孩子小时候的专注力和他成人以后的相比较，而忽略了跟孩子的同龄人之间的横向比较。要知道，即使随着年龄的增长，孩子的注意力是有明显的进步，但是如果在同龄人中还是差一截，那么就算长大成人了，他的注意力自然也还是比不上别人，所以，不要被这种认识误区所迷惑。

测测孩子的专注力水平

许多老师和家长在孩子出现上课注意力不集中、坐不住、老走神等问题时，就胡乱给孩子扣上了“专注力缺失”的帽子。事实上，经心理学研究发现，人的注意力是很难长时间集中的，尤其是孩子。小学阶段的孩子注意力维持在 15 ～ 20 分钟左右都属于正常，高年级的小学生一般注意力可维持在半个小时上下。而教学上通常每节课安排 40 或 45 分钟，那么，“走神”其实也是正常的现象。

要想真正了解孩子的专注力水平，你需要了解更科学的判断标准。

孩子专注力缺失的典型表现

写作业时：边做边玩，别人半个小时就做完的作业，他需要半天时间，有家长在身边情况还好点，家长一离开又就开始磨蹭了，你在旁边火冒三丈，他无所谓，照样东张西望。

考试时：粗心大意、马马虎虎，总是错误百出，落题，看错题、算错题、写错答案，越是简单的题越容易出错。

上课时：注意力不集中，心不在焉。小动作特别多，这些小动作均与学习无关，低于生理年龄、单调无聊、简单重复，而他做起来却怡然自得、津津有味。

玩耍时：沉溺电视，游戏成瘾。看电视、玩游戏没有家长的制止，根本就停不下来，缺乏自我约束力。

生活中：丢三落四，生活混乱。书房、书桌、书包里乱七八糟，自己的学习生活用品，使用时，翻箱倒柜也找不着，最为严重的是老爱忘记别人说过的话和老师留的作业，做作业时再问同学，也许还经常遗失随身用品和文具。

智力上：聪明伶俐，但成绩低下。玩的东西一学就会，学习就不行。从小就成绩不好，学习能力低。

爱好上：爱好广泛，有始无终。爱好非常广泛，几乎到了什么都喜欢的地步。无论是喜欢的玩具、文具还是喜欢的运动、音乐、乐器、棋类都是三分钟热度。

社交上：话多易怒，多动冲动。他的话语明显偏多，节奏快，不分场合，说完后却常常不知所云，该说话时却无话。集体活动中不能像别人一样遵守规则，无法忍受等待，表现为急不可耐。

性格上：逆反被动，自卑懒惰。逆反情绪严重，不管什么事都爱和你唱反调，理由一箩筐。很少主动做事情，而且有难度就退缩。能不做的就不做，能拖的就拖。

心理上：像小大人似的，想法很多，什么都懂，但行为却很幼稚、任性、以自我为中心。心理年龄过低，十岁孩子像八岁，十五岁孩子像十岁，喜欢跟比自己小的孩子玩。

反应上：对外界的刺激反应迟钝。例如，上课时一个问题没懂，就死盯着这个问题，不再关注老师讲的其他内容。上课半天了还在想着下课的事情，或者还沉浸在上一节课的问题中。

如果上面这些症状，你认为你的孩子多数都具备，那么，你就应该警惕了，有必要有意识地培养孩子的专注力，不然等孩子成绩已经跟不上时就有些“悔之晚矣”了。

给孩子做个专注力测试

当然，最了解自己的人永远是自己。下面是一份专门衡量孩子专注力高低的测试，让孩子自己按照各个题的要求如实填写，可以帮你更准确地把握孩子的专注力水平。

测试题目：

1、做作业时，你喜欢开着电视吗？（ ）

A、是的，我觉得只有这样，做作业才不会枯燥。

B、不是，我做作业一向很专心。一边看电视，一边做作业会相互干扰。

C、一般不会，但有时做作业时间长的时候会看看电视。

2、听别人讲话时，你会常常想着另外一件事吗？（ ）

A、是的，我会不由自主地想其他一些事情。

B、我会尽量应付讲话的人。

C、我不会一心二用，否则可能两件事情都做不好。

3、你常常在做作业的时候还能耳听八方吗？（ ）

A、我在做作业时对周围的一切了如指掌。

B、我做作业时不关心周围的事情。

C、这种情况不常发生，除非我在抄习题。

4、做暑假作业时，你花几天的时间就能将所有的作业做完？（ ）

A、是的，快速做完后，会有更多的时间用来玩。

B、基本不是，因为这样做会影响做功课的质量。

C、偶尔，如果有事想出去玩才会这样。

5、你每次看书的时间有多长？（ ）

A、我一般最长能看一个小时左右。

B、看一小会儿我就想玩，坐不住。

C、我每次看书时间都很长，能坚持住两个小时左右。

6、你经常在看完一页书后却不知书上讲的是什么吗？（ ）

A、是的，我很难集中注意力。

B、我只能记住一点。

C、我看完书后，能记住书上所讲的内容。

7、做试卷时，你会经常漏掉题目吗？（ ）

A、是的，我很粗心，做题有点心不在焉。

B、不会，我做任何事情都很认真。

C、我几乎每次都要漏掉点什么。

8、上课时，你是否经常想起昨天发生的事情？（ ）

A、是的，我很容易想起昨天开心的事情。

B、不会的，上课的时候，我会跟着老师的节拍走。

C、当上课不紧张时，我会开一会儿小差。

9、妈妈叫你拿碗筷，你却常常拿一些其他的东西吗？（ ）

A、当我在看喜欢的动画片时会。

B、一般不会，我一向做事很准确。

C、是的，我经常拿错东西。

10、你放的东西经常会找不着吗？（ ）

A、我放的东西有条有理，除非别人挪动了位置。

B、我经常会乱放东西。

C、我常常找不到橡皮、尺子等小东西。

11、上课时如果外面下雨，你会分心吗？（ ）

A、我会听一会儿雨声，然后再继续上课。

B、上课时外面的雨声不会让我分心。

C、是的，我会被雨声吸引。

12、心里有事时，你就在上课时坐不住吗？（ ）

A、是的，我常常会念念不忘心里的事。

B、我会将不愉快的事情放在一边。

C、我会在不影响上课的前提下想想心事。

13、班上来了新老师，你会将注意力放在老师的穿着上吗？（ ）

A、我会花点时间想想新老师的事情。

B、我会像原来一样认真听课。

C、我会好奇地一直打量着新老师。

14、当家里来了客人，你会取消做作业的计划吗？（ ）

A、我会和客人聊一会儿再做作业。

B、是的，正好有理由凑热闹。

C、不会，我会按照自己的计划做作业。

15、一旦身体不舒服，你会请假不上学吗？（ ）

A、如果不上新课的话我就请假。

B、正好有理由不去上课。

C、我不会因为小病而影响上课。

评分标准：各题计分标准如下

题号	1	2	3	4	5	6	7	8	9	10	11	12	13	14	15
A	1	1	1	1	2	1	1	1	2	3	2	1	2	2	2
B	3	2	3	3	1	2	3	3	3	1	3	3	3	1	1
C	2	3	2	2	3	3	2	2	1	2	1	2	1	3	3

测试结果：

总分为 35 ~ 45 分：

孩子的专注力很棒！能在自己想做的事情上保持相当长的时间和高效的注意力，具备一个成为成功人士的潜质。继续保持有效的专注和正确地运用专注的方法，会给孩子以后的学习和生活起到积极的作用。

总分为 25 ~ 34 分：

孩子的专注力基本上能够维持日常的学习和生活的需要。但是，还有许多事情因为孩子的注意力不够集中而无法做得完美。如果孩子能再专心一点，也许学习成绩就会提高一大步。

总分为 15 ~ 24 分：

孩子的专注力急待提高！孩子也可能在为此而苦恼，但就是管不住自己。所幸每个人的注意力都是可以通过训练得到提高的，相信如果你和孩子能够按照科学的注意力方法加强训练，注意力就会越来越好。

教子有方：好动贪玩≠多动症

多动症也是注意力不集中的一种表现，因此许多家长会误把特别活泼好动当成多动症，其实两者并不一样。多动症孩子并非简单的调皮捣蛋，而是受到了生物学因素的影响。它们的区别在于：

（1）正常好动的孩子是有兴趣爱好的，遇到自己喜欢的事物，注意力会集中；但是具有多动症倾向的儿童则对任何事情都几乎做不到注意力集中，表现为坐不住，静不下来。

（2）正常好动的孩子喜欢玩耍，好奇心强，头脑灵活，反应快；但少数具有多动症倾向的孩子动作反应迟钝、不灵活，比如扣纽扣、系鞋带动作缓慢；跑步常摔跤；写字、用剪刀动作慢等。

所以，不要随便对孩子说"你是多动症"，也不要随便带孩子到精神病院去就诊，否则会给孩子心理上带来不良的刺激，反而会影响孩子的智力发展，增加孩子的精神负担。

专注力重在“保护”也重在“训练”

专注力是每个孩子成长过程中自然具有的本能，但为什么有的孩子可以安稳地坐在那里把作业认真写完，而有的孩子就根本坐不住呢?

这大概也是很多父母心中的疑问。其实，孩子注意力不能集中的习惯，早在孩子没有正式学习之前就已经形成了。而这种习惯的形成，就在于在孩子的成长过程中，他的专注力没有被很好地保护，从而没有机会发展提高。

所以，要想提升孩子的专注力，首先就要学会保护孩子的专注力。

别再做破坏孩子专注力的蠢事了

孩子专注力的缺失，虽与先天遗传有一定关系，但后天环境与教育的影响更为重要。

很多时候，孩子之所以不能将注意力集中起来，主要在于周围的环境有干扰。因为孩子本身的抗外界干扰能力较弱，比如，周围有人在做什么、在说什么，他就会转移注意力去关注，因此，想要让孩子专心做一件事情，就要想方设法让孩子远离干扰，更不能做破坏孩子专注力的帮凶。

1. 尽可能地保持安静

有的家长为了关心孩子，在孩子玩耍或做功课的时候，常常一会儿削块苹果送过去，一会儿送杯水，一会儿指责孩子做得不对，一会儿又表扬孩子现在表现不错等。你不分时机地关心、干扰孩子，不但容易分散孩子的注意力，而且还弄得孩子心烦意乱，不能把心思都放在自己所做的事情上。

家庭环境是影响孩子注意力能否集中的关键因素。在孩子学习的时候，你要尽可能地保持安静，不要让孩子注意到你在做什么。最好是你也能够保持阅读和学习的习惯，这样潜移默化地就会对孩子形成好的影响。

2. 不要打断孩子的重复行为

有时候，孩子会反复做一件事，比如，在读一本书时总是重复去读，在操作一样教具时总是重复几十次。许多家长和幼儿老师会认为这是由于儿童的幼稚而导致的，因此，在自己不耐烦或者赶时间的情况下，总是随意打断孩子的这种重复行为。

其实，“重复做事”是孩子的一种自然而然的训练活动，心理学家把它称为幼儿特有的“常同行为”，蒙台梭利将其称为“重复练习”现象，同时，学者也通过实践研究得出了儿童重复做事的必然性——为了意志力的形成。事实上，如果孩子重复一种活动的时候，反而表现出他已经能够在一定程度上把自己的注意力控制到一点上。这种状态我们才把它称为注意力集中。

所以，当孩子专注于反复玩、看、观察的时候，不要打断孩子的行为，让孩子尽情享受专注、发现的乐趣，孩子的内心就会获得了专注的力量。

3. 让孩子一次只做一件事

现代社会，几乎每个孩子都有很多的玩具和书籍，然而，很多家长只是把玩具和书扔给孩子自己玩，自己看，这很容易形成孩子浮躁和注意力涣散的毛病。孩子往往是这本书翻两页，那本书翻两页，玩具也是，一会儿玩这个，一会儿玩那个，什么都玩不长。

多重的刺激会使孩子不能精神专注。要知道，人的注意资源是有限的，分配在性质不同的事情上面，会严重消耗注意力的有效性，尤其是孩子的注意力正在发展过程中，同时进行多件事情，会损害注意的有效集中。所以，不妨把玩具存放在带盖的盒子里，一次只给他一件玩具。如果孩子在画画或在读书，你要关上收音机或电视。

4. 拿走书桌上无关的“小东西”

研究人员调查发现，八成学生没写完作业就开始走神，眼光触及的小东西都会成为他们手中的玩物，最典型的就是玩橡皮擦。从这种角度来说，为了提升孩子做作业时的专注力，家长和老师需要将孩子书桌上那些无关的“小东西”收拾干净，只要孩子视野中没有“诱惑”，那么他们分心走神的概率也就下降了。

一个干净、整齐、安静的学习环境，才能让孩子更加专注于学习。所以，在布置孩子书桌的时候，要保证其干净整齐，书桌的颜色不要太鲜艳，更不要在书桌上摆放玩偶或者动态的装饰品，只适宜摆放一些和孩子学习相关的书籍资料以及文具，暂时用不到的最好收进抽屉里面。另外橡皮、铅笔等只留下一份就好，其余的要统统收进文具盒内。这些措施能够让孩子最大限度地集中注意力，掌控更多的时间资源。

收回你帮助的手，培养他平静的心

有的家长觉得自己孩子之所以注意力不集中，是因为大人的管教不力，监督不够，所以恨不得多长几双眼睛，能够 24 小时都盯着孩子。同时，还有的家长会大包大揽，替代孩子做好所有的事情，以期让他“安心”学习……

其实，这些家长的做法都不能从根本上让孩子专注起来，反而有时候还会影响到孩子做事和学习的注意力。比如时刻盯着孩子，总是让孩子在自己眼皮底下学习、做事，虽然这样做表面上看确实能让孩子更加专注，但实际上，孩子会产生抵触心理，身在曹营心在汉，只要家长稍不留神，他们就要滑偷懒。假如爸爸妈妈再唠叨几句，孩子的抵触情绪也许会变得更加强烈，做事就更不会专注了。

而事事代替孩子去做，虽然可以暂时为孩子创造一个“优越”的学习环境，但是时间长了，孩子就会生出一种不被信任之感，并因此产生逆反心理。而且，孩子什么事情也不做，每天只坐在书桌前学习，反而更加容易走神。

其实，孩子注意力不集中，表面上是因为嘈杂环境的干扰，但从深层次上看，主要还是孩子的内心难以平静。心平静下来，即使身处闹市也能安静读书，而心不静，即使再安静也不能专注做事。因此，你不妨多和孩子做一些有助于“静心”的活动，帮助孩子排除外界的干扰，不断地提升注意力。

1. 不要给孩子想要的全部

如果我们面前出现一个新奇的东西，我们大多数时候都充满好奇地想要去了解它，直到弄清楚才不再去注意它，由此可见，好奇的心理可以增加注意力。我们大可利用这一点，在引导孩子学习时，不要什么都平铺直叙地告诉孩子，最好启发孩子观察、实践、分析思考，独立地获得问题的答案，这样他的注意力自然就集中到你要他学的内容上了。

例如：让孩子认识国旗时，不要直接告诉他：“国旗的红颜色是代表……”而可以问：“你知道我们的国旗为什么是红颜色的吗？为什么国旗上有五颗小星？它们又为什么是黄颜色的呢……”这样激起孩子想知道的好奇心，然后再对他讲解，他的注意力自然就全集中到你的讲解上来。

再比如，当孩子提到了一只蜻蜓和一只蚂蚱时，你可以向孩子提出问题：“蜻蜓和蚂蚱长得一样不一样？哪些地方一样？”当孩子说它们都有眼睛、嘴巴、身体、翅膀、脚时，就让他再细致地观察：“它们的身体都有什么特点？有几对翅膀？几只脚？”在观察的基础上告诉他：“凡是身体分成明显的头、胸、腹三节，腹部是一环一环的，有两对翅膀三对脚的小动物，都叫做昆虫。”然后让孩子观察蚊子是不是昆虫，或回忆还见过哪些属于昆虫的小动物等。在这样的学习中，孩子的注意力就很容易集中。

关键的一点是，你要学会巧妙地、不断地向孩子提出问题，使孩子脑中产生疑问，想弄清它；同时在他遇到困难时，适时地给以恰当的点拨和帮助，使他能获得正确的答案。这样才能激发孩子的求知欲，增强其信心，也才能有效地集中他的注意力。

2. 找一些必须专注才能做好的事情让孩子做

心理学家研究发现，人的心理活动在某件事上的强度越大，紧张度越高，那么他对这件事的专注力就越强，所以爸爸妈妈可以在日常生活中找一些必须要投入很多精力才能做好的事情让孩子做。

例如：当孩子衣服上的纽扣掉了后，可以让他们自己动手，学习缝纽扣。这项工作需要孩子全身心地投入，因为稍微走神，针就可能扎到手指。这样的话，孩子在缝纽扣的过程中势必会专注起来，这可以作为锻炼孩子注意力的一个方法。还可以找一些需要凝神的游戏，比如和孩子一起做“不能动”游戏，规则是爸爸妈妈和孩子一起抬头挺胸站在镜子面前，看着镜子中的自己，谁坚持得更久，就获得了胜利。

这些事情都需要孩子全身心地投入，时间长了，孩子自然就形成了专注做事的习惯，面对外界的干扰时，就能集中注意力去做自己手头上的事情。

教子有方：一定要保证孩子的睡眠和营养

思维活动也需要消耗大量的营养物质。在紧张的学习期间，家长应该让孩子多吃高蛋白的食物和容易消化的食品。每次吃饭以八分饱为宜。此外每天要保证孩子的饮水量，多喝温开水或矿泉水，少喝或者不喝刺激或兴奋性的饮料。

足够的睡眠对保护神经细胞免于衰竭十分重要，所以家长要关心孩子睡眠的时间和质量。学龄期孩子每天晚上睡觉不宜晚于10点，这样孩子神经系统还没有彻底疲乏就开始休息，有助于尽快恢复精力。一般而言，孩子的睡眠时间一天不应该少于9个小时。

孩子专注力欠缺怎么办

正所谓，成功孩子的背后总会站着伟大的父母，对于专注力不够强的孩子，父母不妨采用以下方法来进行引导。

纪律约束法：有规矩才成方圆

纪律和注意力有关系吗？有心理学家专门进行了一番研究，得出的答案是肯定的。因为纪律性不强，孩子就很难管住自己，注意力自然就难以集中起来了，正所谓“没有规矩不成方圆”。因此，给孩子立规矩是纠正专注力的最佳方式。

1. 和孩子一起做一张“纪律表”

很多时候，孩子“不听话”，只是因为精神容易分散，自我约束能力差而已。这个时候，仅仅通过批评并不能让孩子的这种状况得以改变。不妨给孩子制定一个能够约束他自己的“纪律表”，即把日常生活和学习中需要做的事记录下来，并设定一些纪律，以此来约束孩子的思想和行为。这样就可以进而培养和提高孩子的专注力了。

“纪律表”的制作和执行要点：

（1）尊重孩子。没有比孩子更了解自己的了，而且按照孩子的意愿制定出的“纪律表”更容易让孩子遵守。因此，在家长制定和完善“纪律表”的时候，一定要争取孩子的意见。要站在孩子的角度出发，抛弃家长的架子，不要用命令的方式，才能让“纪律表”发挥最大的作用。

（2）切实可行。“纪律表”不是一个空泛的概念，而应该是切实可行的。每一项都要具体明确，只有这样才能让孩子真正地集中注意力去做一件事。比如：放学后马上做作业，不做完作业不准看电视，也不准出去玩。

（3）灵活执行。“纪律表”制定之初，对孩子的要求不要太高，可一步一步来。比如，只要孩子能做到先做完一部分作业再看电视，或者看电视和玩的时间比以往缩短了，就算进步了，逐渐再提高要求。

（4）定时总结。一定要让孩子知道，“纪律表”并不是一张白纸，最好一个星期进行一次总结。孩子顺利完成时，可以给孩子口头夸奖，或者实现孩子的一个愿望，或者给他买点他喜欢的学习用品等，作为一种奖励。同时，孩子没有顺利完成的时候，也要有一定的惩罚，以此让孩子知道，“纪律表”并非摆设。有奖励也有惩罚，这样才能让孩子认真对待“纪律表”。

2. 用“倒计时”的方式给孩子计时

有的家长认为，给孩子充足的时间，才能让孩子轻松一些。但是，如果孩子注意力不够集中的话，再多的时间也只是浪费。事实上，让孩子自己安排时间，父母什么都不管，往往会造成孩子做事不积极、不主动，常以这样或那样的借口拖延，就算仍然在不停地做也难以集中精力。

这种情况下，“制定最后期限”的方法，对于改善孩子拖拉和注意力不集中的问题是切实可行的。因为如果家长可以在孩子做事前设置一个最后期限的话，那么孩子就会紧张起来，他会担心在规定期限内完不成任务而受到惩罚。长期如此的话，孩子就会主动、积极地做他应该做的事了。

（1）利用好计时工具

对于孩子来说，很难有一个清晰的时间概念。我们可以借助一些有关时间的小道具，让孩子来感受时间的长短，并用于相应的时间限制。

例如，你可以和孩子一起到商店挑选一个喜欢的闹钟，在做作业前让孩子自己选定合理的时间去完成，然后给孩子计时，让他在自己规定的时间内完成。还有，沙漏本身就是一个很好玩的玩具。根据沙漏的时间来限定孩子的某一项活动时间，不像催促，更像是一场有趣的游戏。如在沙漏将里面的沙子全部漏完时，要把玩具收拾完。

这个时间的参照物，会给孩子的活动注入渴望快速达成的意愿，他们会找到与时间赛跑的乐趣。这些方式比一味用语言催促“快一点”效果要好得多。

（2）时间设定要合理

一开始，孩子对时间的长短往往没有概念，父母不妨先帮他设定时间。第一次设定时，要给孩子留出较多的空余时间，让他能提前完成，以获得成功感。然后，让孩子自由支配完成后留出的空余时间，这样他就能体会到抓紧时间的好处。虽然要给孩子弹性的时间，但不能没有底线。父母要给孩子充足的学习时间，但也要给孩子设定一个完成的最后期限，这样，孩子才能在学习的时候集中注意力去完成。时间久了，自然就成为习惯了。

当然，最好是让孩子自己选定计时器的时间来完成任务，这样孩子做事的时间计划感就越来越强了。

（3）执行时态度要坚定

一旦时间到了，家长要立即执行，态度要坚定。一方面要尊重孩子的选择，关注孩子的兴趣和需要，另一方面，必须要明确地告诉孩子一定的规则。孩子想出去玩，你可以对孩子这样说：“你可以去玩，你也可以玩到天黑都不回家，但是，家里六点半开饭，过了开饭时间，再没有饭吃，想要买零食吃，对不起，没有。”如果孩子在晚饭时还没有回家，那么当孩子回来后哭着喊着要吃东西，你也要狠下心肠不能答应。

（4）大人更要先以身作则

家长是孩子最好的榜样，正所谓言教不如身教，在日常生活中，如果父母做事情能够雷厉风行说做就做，并且任何事情都能定时、守时、按时完成，那么就会形成一种榜样的作用，吸引孩子去效仿。

3. 奖惩并存，才是最好的教育手段

现代社会，很多家长抛弃了传统的打骂，不再以粗暴教育来管教孩子，越来越注重理性教育，希望通过正面的方式来鼓励孩子、激励孩子。但是，无论什么都有双面性，虽然不打骂孩子是进步的，但是这并不代表舍弃惩罚。“树木如果不去常加修剪，它们便会恢复到它们的野生状态。”这是一位教育学家倡导对孩子进行适当惩罚所说的话。中国青少年研究中心副主任孙云晓也说过，没有惩罚的教育是不完善的教育，没有惩罚的教育是一种虚弱的教育、脆弱的教育、不负责任的教育。只有奖惩分明，奖励和惩罚并存，才是最好的教育手段。

（1）奖惩措施要正确

许多父母对于奖励和惩罚的认识还存在着偏差，认为惩罚就是打骂，或者奖励就一定是物质上的，因此，在对孩子进行惩罚或奖励时，就会采取相应的不当措施。例如，在孩子做错事的时候，家长不能二话不说，连个解释的机会都不给孩子，直接惩罚，这样就会让孩子感到委屈，认为家长不理解自己，难免会产生反叛心理。而不视情况，直接奖励孩子，没有激励的语言的时候，孩子就会将奖励当作最终目标，这样不但没能起到作用，还有可能让孩子的认知出现偏差。

事实上，无论惩罚也好，奖励也罢，都只不过是帮助孩子的手段而已。在孩子做得好的时候夸赞孩子，鼓励孩子；当孩子做错事的时候，也不要横眉冷对，要让孩子认识到自己的错误。这样，孩子才能渐渐改正那些不良习惯，集中注意力去做事。只有家长明白了惩罚和奖励的目的，这些手段才能发挥出真正的作用。

（2）奖惩程度要合理

无论是对孩子进行表扬奖励还是批评惩戒，都应合理。如果家长对孩子的奖励赞扬言过其实，过分夸大，频繁使用，就会给孩子造成一种错觉，认为自己完美无缺，使孩子渐渐形成自以为是、得意忘形、骄傲自负的不良品格。同时，还容易使孩子为了得到表扬而表现好，长大后个性表现倾向为他人取向，使自己的言行表现受制于他人的赞扬。更为严重的是，过多的奖励、表扬还会使孩子心理承受能力差，经受不住批评与挫折。同样，如果家长对孩子的惩罚过多过严，就会使孩子以为自己处处不行，什么也干不好，从而过低地估计自己的能力，做什么事都畏手畏脚，因害怕出错而不敢大胆尝试，不敢向困难挑战。有些孩子觉得自己一无是处，索性破罐子破摔，不求上进。

那么，作为家长，应该如何对孩子进行奖励和惩罚，才能达到最佳使用效果呢？

这里一个重要的原则就是“罚三奖七”。不管是对孩子奖惩方式使用上的分配比例，还是在每一次具体实施奖惩时，都适用。即在教育孩子方面，要以鼓励为主、三分批评，七分奖励。同时，在表扬奖励时，还要指出孩子的不足，以防止孩子骄傲；在批评惩罚时，也要肯定孩子的优点，以防止孩子自卑。

这里推荐一个好方法——“一分钟惩罚法”。

即当孩子的行为出现了错误，或没有到达家长提出的合理要求时，家长要及时帮助他们修正错误，引导他们回到正确的目标上来。具体来说：当孩子做错事情以后0～20秒，对人不对事，最大程度表现出你知道这件以后的震惊，伤心和失望。21～40秒，什么话也不用说，只是用眼神尽情地传递你的伤心，愤怒，痛苦。41～60秒，用最煽情的话语表达你对孩子的爱，告诉他，你欣赏他，你为他感到骄傲，尽力描述一个连他自己也喜欢的父母期望中的形象，并且表达出他就是那个孩子，本来就是，现在还是，将来也是。

然后，批评教育就结束了。怎么样，很简单吧？你也可以来试试看。

（3）奖惩针对要具体

有些父母对孩子的奖惩随意性很大，今天高兴了，就奖励一番；明天不痛快，就大发雷霆，不讲明道理，就责备孩子一通，这种毫无标准可依的奖惩是无效的。

事实上，惩罚不是劈头盖脸的训斥，奖励也不是心血来潮的赞扬，不管是对孩子惩罚还是奖励，都要有理有据。在实施奖惩时，父母应向孩子讲明奖励的是什么，惩罚的是什么，这样才能更有助于帮助孩子学会自律、自我约束；能使孩子明白做什么事情是对的，为什么要坚持下去，什么事情是做不得的，应当怎样改正。这样也更能帮助孩子建立责任意识和责任感，不由自己的性情做事，也不容易发生同样的错误。

另外，还要尤其注意，在对孩子进行批评惩罚时，一定要注意方式方法。我们常说“对事不对人”，在惩罚孩子的错误行为方面同样要做到如此。父母在惩罚孩子的过程中要时刻清楚地认识到：惩罚的对象是孩子的错误行为，而不是孩子本身；惩罚是以教育目的为前提的。所以，不管孩子犯了什么错，父母的教育方式首先要保证尊重孩子的人格和尊严。

劳逸结合法：放松是为了更好的紧张

我们都知道，放松是为了更好的紧张。而这句话对于帮助孩子提高专注力来说同样有效。

我们都知道，假如不分昼夜地学习、工作，大脑就会处于疲劳状态，就会出现注意力不集中、记忆力以及思考能力下降、大脑反应迟钝等现象。而时间一旦超出身体的自我调节范围，还会出现肩颈酸痛等生理症状，这是任何人都会有的本能反应。所以，只有在学习上做到劳逸结合，孩子才能保持一个健康的、积极向上的精神状态，心情好了，学习起来也会更专注，更有动力，效率也会高出很多。

其实对于孩子来说，时间是一个非常模糊、抽象的概念，他们一般体会不到时间的重要性，因此也很难像成人一样合理利用时间。因此，父母应该和孩子一起制定一张“作息时间表”，合理安排好孩子的作息时间。这样才可以保证孩子有足够的精力去学习，有效提高学习的效率，还可以使孩子养成良好的生活习惯，这在孩子以后的成长也是极为有利的。

1. 时间表的制作要尊重孩子的“生物钟”

在给孩子制定作息时间表时，要尽量迁就孩子的“生物钟”。最好是和孩子一起坐下来，让孩子自己参与制定。要知道，每个孩子的作息规律都是不一样的，都有自己固定的作息习惯。如果孩子的兴奋点在白天的话，可以多安排一些白天时间来学习，晚上多安排一点时间来休息；如果孩子是“夜猫子”，就可以晚上多安排一些学习时间，中午安排一些时间来休息。

不仅如此，和孩子一起讨论和制定的作息表，这个过程也会让孩子享受到自主权，感受到价值感和归属，因而更愿意配合执行。发挥孩子自主权应包括：一起规划一天中每个时段应该做什么、一起设计制作，一起决定将它挂在或者贴在哪个位置。相信根据自己的喜好订立的时间表，孩子也会比较主动地照时间表执行。

2. 时间表的安排要合理

在尊重孩子的基础上，更要做好合理安排。

（1）不要错过黄金学习期

作为调剂方式——休息、体育运动、做家务等都不算浪费时间。但是，如果将一整个早上的时间全部安排在做家务、睡觉、打球等事情上，中午和下午才开始学习，那只能说，这是在浪费生命。一天的黄金学习时间就是上午，在这个时间段，将重点放在学习上，而下午的时间，则可以适当安排和同学、朋友一起体育运动，在家帮助家长做家务，晚上则可以早点休息，这才是正确的时间安排法。

（2）重视孩子早起的十分钟

别小看这10分钟，因为有固定的作息时间，所以孩子早上的洗漱时间都很固定，如果能够很好地利用这段固定的时间，坚持下来，不但能提高孩子的专注力，还能使其取得更好的学习效果呢。

在这段时间里，孩子可以朗读课文，而朗读课文对于增强注意力是很有帮助的。同时，孩子也可以借助朗读课文的精神头，让自己从迷迷糊糊的状态中赶紧清醒过来。如果在早上的时间比较紧张，那么你可以一些音频资料放给孩子听，比如文章的朗诵、节奏明快的音乐，或者是英语单词、小故事，等等。

（3）给孩子留出自由支配时间

作息时间表不要全部安排满，要给孩子自由支配时间，让孩子可以自己做决定怎么使用这些时间——唱歌、画画、游戏。

3. 时间表的形式应该更生动

比起直白的语言来，孩子们一定是更喜欢生动的画图方式。因此，在制定作息时间表时，不妨让孩子采用自己喜欢的图画方式表现每个时间该做什么事情。

例如：早上7：00起床的格子，可以画一只闹钟来代替；17：00的格子中画电视，表示可以看动画片了；18：30的格子画一盘菜或一碗饭，表示是吃饭的时间；19：00做作业的格子可以用书本表示；20：30的格子画浴缸，表示该洗澡了；21：30的格子画牙刷及床，表示该刷牙睡觉了。

4. 时间表的执行一定要严格

如果说制作时间表很重要，那么将之落实则更重要。只有严格要求孩子，让孩子理解这种安排的意义，逐步自觉参与进来，并形成习惯，这份作息时间表也才真正有了意义。

也许执行之初，你和孩子都会不适应，这时候不要焦躁，慢慢来。以睡觉为例，你可以提前几分钟就温和提醒孩子，如："还有十分钟就要睡觉了哦"，当孩子拖延、忘记之时，可以提醒她："在我们的作息表中，洗漱之后应该做什么？""我们的约定是什么？""我相信你能很好地遵守我们的约定"。或者你也可以适当地进行模糊处理，给孩子规定一些灵活的时间段，比如在几分钟之内必须起床，在几点到几点之间要睡觉，等等。

当然，作息表也不是一成不变的。有时候需要适时地调整，如生活的变化，搬家、开始进入幼儿园等，这时候就需要适当调整时间。但原则上还是不要做大的变动，最好不要因为外部或者其他原因打乱你们的约定，保证至少有一位大人陪同孩子执行。

自觉专注法：授人以鱼不如授人以渔

当一个人给自己设定了一个要自觉提高自己专注力的目标时，他就会在非常短的时间内集中注意力。这是任何外力推动都难以企及的。因此，你再多的敦促也不及教会孩子自己培养专注力的方法，这就是所谓的"授人以鱼不如授人以渔"。

1.有目标的孩子才有专注

一个心中有目标的孩子，就不会浪费时间。梦想会在他身体的每一个细胞中生根发芽，并鼓励着他锲而不舍、坚忍不拔地朝着这个明确的目标前进。这个过程中，孩子的专注力也会越来越强了。

作为父母，你应该引导孩子根据他自身特长爱好和社会的需要，树立自己的目标。

（1）和孩子一起描绘未来

许多父母会把自己的一些欲望灌输给孩子，希望孩子能够达成自己所没有完成的愿望，却不管孩子心里的真正想法。在这里，我们必须要明确：这是孩子的未来，而不是你的。所以，你要做的应该是知道如何用科学、理性的思想方法引导他们，并且和他们一起把基础教育的成果引向明确的人生理想、职业目标。不妨坐下来，安安静静地搂着孩子，和孩子一起畅想，无所顾忌地谈谈“我长大后，想要做……”，与孩子一起，共同规划孩子的未来，“设计”孩子的人生。

（2）引导孩子制定明确切实的目标

理想不是空想，而是通过努力可以达到的目标，那些不可能实现的目标，只不过是美丽的肥皂泡，终究是要破灭的。因此，作为父母，你需要让孩子明确自己的现状。比如说帮孩子制订学习目标，家长首先要详细分析孩子的学习特点，是善于记忆，还是遗忘太快；是做题认真细致，还是经常粗心大意；弱点在哪里，强项又有哪些；哪些学科掌握的较好，哪些学科还有进步的空间。然后再和孩子分析目前在班里的位置，自己的各科各有多大的发展潜力。让孩子明确自己的学习现状，知道可以在哪些方面取得进步，又应该在哪些方面进一步努力。

（3）把大目标分解成阶段性小目标

孩子需要长远目标，但更需要保证他不被这个目标吓倒。因此，父母还应该告诉孩子把大目标分解成一个个小目标，最好具体到每一天需要完成的目标。这样才能激励孩子主动地发掘自身的潜能，自觉地积极地专注地去学习。

2.兴趣永远是最好的老师

著名心理学家皮亚杰曾经说过：“强迫工作是违反心理学原则的，而且一切有成效的活动，都必须以某种兴趣为先决条件。”在生活、学习和工作中，常会听到人们用下列词汇去表述由于有了强烈兴趣而达到的境界：“积极主动”“如饥似渴”“废寝忘食”“持之以恒”“夜以继日”“手不释卷”等等。也就是说，当孩子对一个事物或一项工作非常感兴趣时，他自然能够专注的完成这份工作。作为家长，你可以：

（1）帮助孩子找到优势所在

对于任何事物，每个孩子内心都有一种感情倾向，或喜爱或厌恶，它支配着孩子对待它的态度，起一种导向作用。以英语课为例，有些学生上英语课十分被动，甚至害怕老师提问。要消除这种情感障碍，需要学会分析自己的学习情况，从一团乱麻中理出头绪，从整体劣势中找出局部优势。例如，尽管总体上孩子的外语学得不好，可是书写工整娟秀，朗读字正腔圆，家长可以以此作为“根据地”，给孩子造成一听“书写”或一听“朗诵”就兴奋的心理效应，然后从这种局部优势中建立信心，培养兴趣，享受成功的欢乐。作为家长，你应该善于发现孩子的优点，多多加以鼓励，以增强孩子的自信心，从而将这种自信心泛化，提高孩子的学习动机。

（2）让孩子体验成功的快乐

对意志坚强的人来说，失败也许是成功之母，但是对于大多数孩子来说，越失败就越没有信心，越没有信心就越没有兴趣，也就越容易失败，如此形成恶性循环。所以，不妨在初学阶段把要求放低些，让孩子多多体验到成功的快乐，初战易胜，一胜便能激励再战的勇气。事实上，知识竞赛之所以使人趋之若鹜，并不是它的奖励让人眼红，而是人们愿意得到一种肯定自己知识和能力的喜悦，这种情况就是“成功激励兴趣”的典型例子。你不妨借鉴一下，孩子每学习一段时间，可以让他通过自测或正式测验来检验自己的学习效果，哪怕是取得了微不足道的进步，再加上你的鼓励，孩子的信心便会越来越强，兴趣也会越来越高涨。

（3）激活孩子的学习主动性

趣味和思维总是联系在一起的，因为“有趣”才能激发孩子浓厚的兴趣，激活孩子的学习主动性，通过有趣的游戏就可以更有效的提高孩子的专注力。

以下提供几个有助于提高专注力的小游戏：

猜扑克游戏

玩法：去掉花牌，从余下的牌中取三张不同的牌，随意排列于桌上，如从左到右依次是梅花2，黑桃3，方块5、选取一张要记住的牌，如梅花2，让孩子盯住这张牌，然后把三张牌倒扣在桌上，由家长随意更换三张牌的位置，然后，让他报出梅花2在哪儿，如果孩子猜对了，就算胜出。家长和孩子可依次轮换做游戏。

提示：这个游戏可锻炼注意力高度集中和快速反应能力。随着能力的提高，家长可以增加难度，如增加牌的数量，变换牌的位置的次数和提高变换牌位置的速度。

智力题游戏

玩法：给孩子买一些锻炼观察力、注意力、记忆力的图文类书籍，如走迷宫，在一大堆图中找某样东西，找异同（同中找异，异中找同），比大小、长短，在规定的时间内把一页图中的物品记住，然后合上书让她报出来，等等，每天和孩子一起坚持做练习。

提示：时间不可过长，但往后可延长练习时间，一定要每天坚持练。孩子做对了要给红五星奖励或打分。

抢背电话号码游戏

玩法：找一本电话号码本，给孩子看一两秒钟，让他记住某人的号码，然后移开号码本，让他背出来。家长和孩子可轮换着背，比比谁厉害。

提示：随着孩子记忆号码的水平不断提高，可适当增加难度，如让孩子记两个或三个人的号码等。

开火车游戏

玩法：三人围坐一圈，每人报上一个站名，通过几句对话语言来开动“火车”。如，爸爸当作北京站，妈妈当作上海站，孩子当作广州站。爸爸拍手喊：“北京的火车就要开。”大家一齐拍手喊：“往哪开?”爸爸拍手喊：“广州开”，于是，当广州站的孩子要马上接口：“广州的火车就要开。”大家又齐拍手喊：“往哪开?”孩子拍手喊：“上海开”。这样火车开到谁那儿，谁就得马上接得上口。“火车”开得越快越好，中间不要有间歇。

提示：这种游戏由于要做到口、耳、心并用，因此能让注意力高度集中，同时也锻炼了思维快速反应能力而且这种游戏气氛活跃，能调动人的积极性，孩子玩起来，乐此不疲。如果有爷爷奶奶或其他家庭成员参加，那就更好了。

乒乓球干扰游戏

玩法：让孩子把球放在球拍上，绕桌子行走一圈，要求乒乓球不能掉下来。你在旁边进行捣乱，但不能碰到他的身体。一会儿拍手跺脚，一会大喊大叫，还一边说："掉了！掉了！"

提示：正因为有干扰，有难度，才能在人为设置的更困难更复杂的情境中，训练注意力的高度集中。这个游戏中，孩子为了不输给你，就不得不保持镇定和注意力集中。

3.危机感让孩子自觉专注

无论是对个人，还是对社会来说，竞争都是不可或缺的。有竞争的社会，才会有活力；有竞争意识的人，才会感受到危机，才会不断追求卓越。从小就培养孩子的竞争意识和竞争力，就能给孩子危机感，让他自觉地专注于所进行的学业或事情。

不过，竞争意识如果不好好理解，很容易带来负面影响。要想培养孩子良好的竞争意识，你需要注意下面几方面：

（1）帮孩子找一个合适的对手

再懒惰的马，只要身上有马蝇叮咬，它也会精神抖擞，飞快奔跑，这就是著名的"马蝇效应"。它给我们的启示是：一种动物如果没有外界的刺激，就会变得死气沉沉。同样，一个人如果没有对手，那他就会甘于平庸，养成惰性，最终导致庸碌无为。

对于孩子来说，父母们也可以尝试给孩子找一个的竞争对手。一旦明确了竞争对手，把竞争对手切切实实地摆在了孩子的面前，孩子就能从心里感到压力，原来笼统的对比才能变得现实。如此，就能激发起孩子的进取心，毕竟孩子都是有很强的争强好胜心理的。

当然，这个竞争对手一定是和孩子相当"级别"的，千万不要给孩子找"高不可攀"的对手，而应引导他们循序渐进，毕竟进取心也是逐渐培养起来的。

（2）教孩子调整好心态

要让孩子明白，竞争不应是狭隘的、自私的，而应当是坦荡的、公正的；竞争不应有阴险和狡诈，而应是百花齐放，以实力论英雄；竞争不应排除协作，而应以友好协作为前提，提倡友好协作，合作共赢。当孩子自己能判别出哪些竞争是良性的，哪些竞争是恶性的，遇到恶性竞争懂得如何处理，并在竞争中宽容别人，就具备了竞争的美德。

此外，还要教育孩子正确对待竞争中的得与失，而不要被“争”这一层面所局限。竞争取得了胜利，也不要骄傲自大，更不要故步自封，而要居安思危，想到今后还会出现更激烈的竞争；失败了，也不要气馁、灰心，可以把竞争对手当作一面镜子，并利用这面镜子“照出”自己的不足之处，与对方合作，向对方请教问题，学习对方的优点，弥补自己的不足，借以完善、提高自己，也为今后的竞争做好准备。

（3）给孩子鼓励而非压力

参与竞争，就有可能遭遇失败。作为父母，任何竞赛前，都不要给孩子太大压力，不要对孩子说：“你一定要拿第一”“你一定要超过某某”等，而是应该告诉孩子要尽力，尽他最大的努力就是成功。同时，对于孩子的失败，不要责备孩子，而是应该努力培养孩子做事的积极的心态，帮助他对曾经遭遇的挫折进行认真分析，积极总结经验教训，克服自卑感，树立“我一定行”的信念，增强抗挫折的心态和能力。

教子有方：专注力的实用训练方法——“舒尔特表”训练法

舒尔特表是全世界最简单、最有效也是最科学的注意力训练方法。

如果没有现成的“舒尔特表”，也可以自己制作“舒尔特表”。很简单，在一张方形卡片上画上 1cm×1cm 的 25 个方格，将 1 ~ 25 的数字打乱顺序，填写在里面（如下图）。然后以最快的速度从 1 数到 25，要边读边指出，同时计时。

5	15	3	7	2
8	24	14	6	16
21	12	9	20	23
18	1	11	25	4
7	13	19	10	33

“舒尔特表”

使用方法：

眼睛距离表 30～35 厘米远，视点自然放在表的中心；

在所有字符全部清晰入目的前提下，注意不要顾此失彼，因找一个字符而对其他字符视而不见；

每看完一个表，眼睛稍做休息，或闭目，或做眼保健操，不要过分疲劳；

练习初期不考虑记忆因素。每天看 10 个表。汉字表的话一定要选择自己熟悉的文字。

注意事项：

练习的最初，达不到标准是非常正常的，切莫急躁。研究表明：7～8 岁儿童按顺序找每张图表上的数字的时间是 30～50 秒，平均 40～42 秒；正常成年人看一张图表的时间大约是 25～30 秒，有些人可以缩短到十几秒。可以多制作几张这样的训练表，帮助孩子选择有不同难度和类型的“舒尔特表”逐级训练。例如，可以从 9 格开始练起。感觉熟练或比较轻松达到要求之后，还可以制作 36 格、49 格、64 格、81 格的表。逐渐增加难度，不过需要注意一定不要让孩子因急于求成而使学习热情受挫。

第三章 提高学习力

——激发孩子对知识的渴望

“问题不在于教孩子们各种学问，而在于培养他们有爱好学问的兴趣，而且在这种兴趣充分增长起来的时候，教他们研究学问的方法。”

——卢梭

现在的学习力就是未来的竞争力

“学习”这两个字，对于每一位家长来说，都是绝对的重中之重，它所包含的意义，是任何一个词也无法取代的，它是教育的过程、手段，也是终极目标。

事实也确实如此，学习，已经成为一种能力，它不仅是孩子现阶段的工作，更是他未来的竞争力。因为只有拥有超强的“学习力”，才能更高效率的汲取更多的知识，才能跟上社会进步的步伐，才能获得生存发展的空间，才能实现人生的理想，才能超越自我。

可以说，未来的文盲，不再是不识字的人，而是没有学会怎样学习的人。例如，刚大学毕业不久的一名会计因为一次失误，被财务部经理狠狠地教训了一次。她不服气，拿出自己大学时的教材跟经理争论。经理拿出最新的行业杂志，告诉她相关政策已经更改。她才明白，她在大学里学的知识很多已经过时，而现在，她必须学习新知识，了解新规定。

是的，在当下这个“来不及学习”的知识经济时代，学习将贯穿于人一生的始终，如果谁抓不住“学习力”这把万能钥匙，那么接踵而来的无疑是戴着枷锁的囚行。正如美国前总统克林顿所说：“在知识经济时代，谁不善于学习谁就没有未来。”

那么，作为父母，充分唤醒孩子的学习力，这才是你能给予孩子最为宝贵的“财产”。

与生俱来的学习力

这里的学习力指的是学会学习的能力，即自主学习的能力，也是终身学习的能力。人类的这种能力其实是与生俱来的，确切地说，是一种本能。

也就是说，早在孩子一出生，他们就已经具备了自主学习力。以学习语言为例，从孩子出生时完全听不懂我们在说些什么，甚至不会发音，到他学会发一些简单的元音，再到他叽叽喳喳跟你说个没完，直到准确无误地表达自己的需求，整个过程，他仅仅用了三年左右的时间。

更令人惊叹的是，这三年，他需要学习的技能远不止于此——从不会坐不会爬，到会跑会跳；从被动地等待人照顾，到生活基本自理；从只会靠哭来唤醒妈妈的注意，到读懂周围人的各种情绪，再到准确无误地表达自己的感受与需求……这数不清的技能，也都是孩子自主学习力的体现。

孩子自主学习力的表现

事实上，孩子成长过程中的许多细微的小事，都是其学习力得以体现的表现。比如学翻身、学坐、学站、学走路、不停地问为什么等等，都是孩子自主学习的信号。如果家长可以适时地为孩子提供适宜的环境，并懂得呵护，正确加以引导，孩子的自主学习力便可以得以提升。

但值得一提的是，孩子的自主学习本能，并不都是以正面行为来体现的，还有一些行为，很容易被因错误解读，反而使其成为扼杀孩子自主学习本能的导火索，例如：

1. 搞破坏

孩子的搞破坏行为，本质上是一种探索行为。只要在可被允许的范围之内，我们都应该尽可能给他更多的空间，让他去尝试。即便是在不被允许的范围，也要智慧地处理相关问题，权衡利弊，保持好的，将不好的转化为好的。对抗从来都不是什么好方式。对抗只会增长孩子对抗的能量，使问题变得更糟糕。

2. 多动

喜欢动来动去，不仅是孩子生理发展的一种需求，也是他们自主学习最好的方式。因为当孩子多种感官联动时，正是他们大脑处于最活跃状态的体现。在动来动去的过程中，他们有更多来自感官的体验，接受到更多维度的信息，学习也变得更充满趣味，更卓有成效。但如果我们将之认定为孩子“多动”时，往往是想办法让他安定下来，这就难免要带给孩子压力，要么让孩子因为习惯性无助放弃探索，要么导致孩子变得很逆反，将成长的能量转移到其他方面。

3. 执拗

当孩子做事“一根筋”时，正是他深入探索，精力高度集中的表现。但是，我们常常会担心孩子因此不懂得转弯，太执拗，太缺乏弹性……诸多的担心，也会促使我们试图去改变孩子。结果依然是怀揣一颗好心办了坏事。

4. 不听话

你所认为的“不听话”，其实恰恰是孩子自主意识萌芽的表现。一个没有自主意识的人，我们如何期待他发展自主学习力呢？在尊重孩子的基础上去协调一切，我们才有可能既保持孩子有利于他成长的部分，又规避可能妨碍他成长，或者给他的成长带来不良影响的部分。

此外，孩子有很多看似荒谬的念头、或者喜欢各种无厘头的东西等等，都是源于孩子的思维是弹性的、外化的、跳跃的。所有这一切，我们若了解了，懂得如何去应对，它们都将是引导孩子发展自主学习力的极好契机。

孩子学习力的差异从何而来？

我们已然知道，孩子的学习力是一种本能，那么为什么有的孩子学习力很强，有的却总是处在被动、厌学的境地呢？

这是因为，在孩子小的时候，我们以不同的方式去回应孩子自主学习的本能，从而导致的不同结果。其实，孩子的学习力就好比一颗种子，它原本就是种子，而种子的特性就是，只要我们给它适宜的环境，它注定发芽、生根、长叶、开花、结果，除非我们给了它不适宜的环境，剥夺了它破土而出的权利，比如：

1. 时机不对

相信大多数的父母会更倾向于认为培养学习力是孩子上学以后的事情，因此往往就会忽略孩子自主学习的信号，或者虽然观察到了，却又没有在孩子发出这些信号时及时给予支持与帮助，这样就错失了呵护与发掘孩子自主学习力的最佳时机。待到我们想要有所作为时，孩子那边早已偃旗息鼓，我们此时想要有所为，反而成了一种妨碍。

2. 错误解读

孩子的很多行为实际上都是学习力本能发挥作用的体现。但如果我们狭隘地理解自主学习这个概念，以致错误地解读孩子的行为，将孩子那些自主学习行为定性为不良行为，例如，对孩子来说，搞破坏就是他自主学习的好方式。但是，当我们认定这是孩子“淘气”时，就不仅不会给予孩子支持与鼓励，反而扼杀了他自主学习的本能。

3. 用错方式

虽然我们都毫无保留地爱自己的孩子，为了孩子，我们愿意付出一切，但很多时候，我们真的不会爱孩子。我们自以为很爱孩子，爱对了孩子，但事实恰恰相反。例如许多父母以为自主学习力是可以通过一些强制的手段帮助孩子养成的，于是他们总是以孩子无法接受的方式试图培养孩子的自主学习力，结果用错力，以致南辕北辙，与初衷背道而驰。

要改变这种状况，就看我们能否放下某些既有的观念。只要我们转变观念，不再将自己视同是主宰（或变相主宰）孩子的一方，而是与孩子携手前行的一方，我们就可能走入孩子内心，更多地站在孩子的立场，而不是站在孩子的对立面，去看待和处理问题。如此，我们就会成为孩子学习力的呵护者、发掘者，真正为孩子发展自主学习力提供切实可行的帮助。

教子有方：教是为了不教

“教是为了不教”，这是叶圣陶先生的一句著名教育名言。也就是说，教育要达到使孩子获得通过自学完成自我提高的能力。通俗地说，就是要引导孩子自主学习，让孩子自己成为老师，学习知识、道理和技能等。

事实上，无论是在学校里还是在家庭里的教育，我们都必须明确：孩子的成长是一个自然的过程，过多地人工斧劈、雕琢，无异于揠苗助长。不断地对孩子进行智力“扶贫”，助长了思想的懒惰，不如顺其自然，让孩子自己领略成长道路上的风景。但这并不等于完全放手，放任自流。教育的最终目的就是让孩子发掘潜能，形成优秀的品质，在活动中尽可能地发挥天分、张扬个性，在快乐中学习，真正成为自己生命的主人。

看你的孩子是否有学习障碍

我们常常听到有家长这样评价自己的孩子："很聪明，学习时反应很快，一学就会，还是电脑高手、打游戏机的专家，但学习成绩很差。""做数学题时，经常抄错数字。考试时，会出现漏做考题，其实那些题目他都会做，总是无谓地丢掉考分。"他们坚信孩子是聪明的，因此更倾向于接受孩子学习态度的重要性，而否认孩子能力的重要性，更不用说具体分析哪个方面有学习能力的差距，想当然地对孩子的学习行为做出不适当的评价。

而还有些家长则是将成绩作为衡量孩子学习问题的唯一标准，发现孩子成绩差，就认为是智力有问题，而忽略了成绩的背后，是孩子的学习力问题。

这些观点对孩子都是不合理的，也是不公平的。因为孩子一旦出现了学习能力落后的问题，就会面临家长的巨大压力，诸如"马虎""笨蛋"的论调会让本就力不从心的孩子，很容易产生厌学情绪。

其实国内外很多教育专家的研究早已表明：决定孩子学习成绩的不是智商，而是学习力！只有学习力强的孩子才能取得好成绩。所以，如果孩子的学习能力差，或者孩子存在学习障碍，就难以取得好成绩。

那么，到底应该如何判断孩子的学习力强弱呢？

看表现——是否存在学习障碍

按照权威教育部门的统计，中国的大部分学生或多或少都存在某方面的学习障碍，同时，大约有 18 ~ 30%的学生存在明显的学习障碍。有学习障碍的孩子一般会有如下表现：

1. 注意力老是不集中，总是坐不住；
2. 记忆力不好，经常犯同样的错误；
3. 读文章、读课文经常读不懂，理解能力弱；
4. 写起作文来总是磨磨蹭蹭，难以下笔；
5. 计算题经常出错，而且都是一些低级错误；
6. 解决应用题的水平低，面对题目不知从何下手；
7. 写字歪歪斜斜，还不愿参与体育运动；
8. 情绪不稳定，有时过分任性，经常喜怒无常；
9. 有自卑感，缺乏自信，害怕上学，害怕考试；
10. 性格孤僻，过分自私，不愿与人交往。

而这些学习障碍也正是“聪明孩子考不出好成绩”的原因。

细分析——“学习积木金字塔”

美国儿童心理学家山姆·戈尔茨坦博士和研究儿童学习障碍的专家南希·马瑟博士提出了一种认识儿童学习问题和解决学习困难的方法——“学习积木金字塔”。他们把影响孩子学业成绩的学习技能用十块积木表示，这些积木分成三组，组合起来成为一个“金字塔”。如下图：

从这个金字塔中我们可以了解，基本要素、信息加工技能和思维能力这三个方面给人构成了一个稳固的金字塔。基本要素为一切学习提供了一个支持系统；而在完成学习任务时，学习内容又依赖于信息加工技能，而某些学习内容更是与思维能力紧密相关。拥有一个平衡、稳固、统一的学习能力金字塔，这才是任何一个孩子学习成功的保障。

以孩子做数学作业为例，他首先需要信息加工技能来看或读题；还需要思维能力来理解解题过程以及每一步骤的顺序；计算过程中，需要根据计算原理将一组一组的数字或加或减或乘或除，这一过程又需要发挥信息加工技能；最后则需要基本要素来帮助孩子坚持完成该项学习任务。

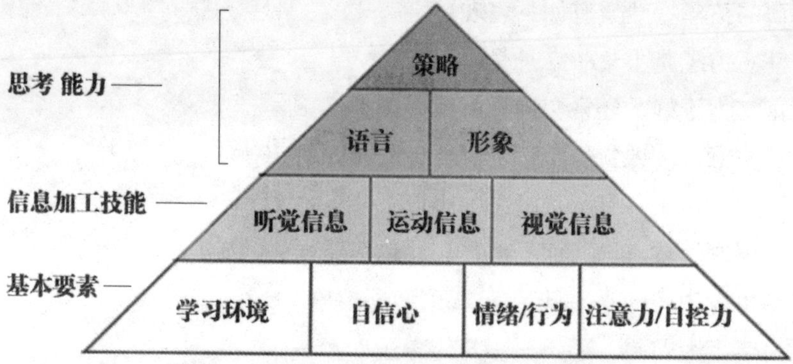

学习积木金字塔示意图

这些学习技能缺一不可。假如视觉信息加工、听觉信息加工和运动技能中的一项或多项的能力不足，再加上注意力和冲动控制的问题就会导致孩子的情绪和行为出现问题，会伤害孩子的自信心；而情绪、行为和自信心的问题又会进一步影响孩子的学习状况。

比照“学习积木金字塔”，查找孩子身上的各项能力缺陷，就会对孩子的学习力的状况有个大致的了解。

做测试——通过测试知道学习力

其实，任何一种能力都是可以通过某些事物、方法得到测量的。如果你想快速判断孩子的学习力问题，不妨做做下面这个小测试：

评分标准：

A=3 分，B=2 分，C=1 分

测试题目：

根据孩子平时的表现作答：

1. 喜欢记忆背诵诗句、文章。( )

A. 经常 B. 偶尔 C. 从不

2. 喜欢看报纸、杂志，而不管是不是看得懂。( )

A. 经常 B. 偶尔 C. 从不

3. 提出诸如“什么时间开始的”一类问题。( )

A. 经常 B. 偶尔 C. 从不

4. 喜欢自己观察某一种东西。( )

A. 经常 B. 偶尔 C. 从不

5. 对新鲜的事物表现出兴奋。( )

A. 经常 B. 偶尔 C. 从不

6. 可随音乐起舞或演唱。( )

A. 经常 B. 偶尔 C. 从不

7. 常问闪电是怎么回事，云是如何形成之类的问题。( )

A. 经常 B. 偶尔 C. 从不

8. 如果你在他非常熟悉的故事中更换一个词，他会立即改正过来。( )

A. 经常 B. 偶尔 C. 从不

9. 可轻而易举地学会骑自行车、溜冰等。( )

A. 经常 B. 偶尔 C. 从不

10. 很愿意扮演各种角色，并喜欢编故事，自己做主角。( )

A. 经常 B. 偶尔 C. 从不

11. 走街过巷，能指出这里或那里他 (她) 曾经到过。( )

A. 经常 B. 偶尔 C. 从不

12. 喜欢听各种乐器演奏，凭乐声便能判断出是哪种乐器。( )

A. 经常 B. 偶尔 C. 从不

13. 擅长绘制地图和描绘物体。( )

A. 经常 B. 偶尔 C. 从不

14. 善于模仿人的各种动作和表情。( )

A. 经常 B. 偶尔 C. 从不

15. 乐于按照大小和颜色对玩具进行分类。( )

A. 经常 B. 偶尔 C. 从不

16. 会进行推测，比如会说：“小蝌蚪一动不动，肯定是饿坏了”（ ）

A. 经常 B. 偶尔 C. 从不

17. 听故事的时候乐于设想下面的情节。（ ）

A. 经常 B. 偶尔 C. 从不

18. 可对不同声响进行评论。（ ）

A. 经常 B. 偶尔 C. 从不

19. 当初次见到某人时，往往会说：“他使我联想起某某。”（ ）

A. 经常 B. 偶尔 C. 从不

20. 能准确判断自己能干些什么或不能干些什么。（ ）

A. 经常 B. 偶尔 C. 从不

测试结果：

25 分以下：

孩子的学习能力有待提高。

26 至 44 分：

你的孩子具备一定的学习能力。

45 分以上：

孩子具有很强的学习能力。

教子有方：孩子有“考试焦虑症”怎么办？

考试焦虑症，也就是我们常说的“怯场”。心理学认为适当的焦虑可以给学习者一些心理压力，提高思维的张力，成为学习的动力，但是过度的考试焦虑就会降低考试效率，使“应考能力”下降，甚至会使身心健康受损。对于焦虑过度的孩子，父母可以尝试用下面的方法帮助他缓解：

1. 指导孩子在脑海里模拟考试场景。如果孩子在想的过程中出现紧张、手抖出汗等不适时，指导孩子做深呼吸训练（约 10 ~ 20 次左右），它能帮助孩子平息不安的情绪。如此反复训练（每2天进行1次，每次数分钟），孩子的考试焦虑就会有所缓解。

2. 不要对孩子的考试成绩过分关注。作为父母，在督促孩子学习的时候，不要只盯着他的考试分数。孩子考好了，不妨进行精神鼓励；没考好，也要鼓励孩子继续努力，帮他认真分析找原因。使孩子放下包袱，就可以减轻孩子的紧张感，增强自信。

3. 鼓励孩子倾诉宣泄。当孩子感到压力过大，内心的焦虑自己无法排解时，积极与孩子沟通，鼓励孩子把心事说出来；同时带孩子参加一些户外活动，如散步、慢跑等；倾诉有助于缓解压力，户外活动在宣泄孩子的负性情绪的同时可令孩子身心放松。这是个行之有效的方式，请不妨试一试。

4. 带孩子接受专业系统的心理治疗。当孩子考前出现严重的焦虑，家长可带孩子至心理科就诊，接受专业系统的心理治疗。在心理治疗师的帮助下改善考前焦虑。

学习的问题，从来都不是学习本身的问题

实际上，所有孩子的学习状况都可以分为下面三个类型：爱不爱学习、会不会学习和能不能学习，只不过大多数孩子是两种或三种的混合体。爱不爱学习是学习态度、学习情绪、学习兴趣、学习动机的问题；会不会学习是学习行为、学习方法和学习习惯的问题；能不能学习是孩子智力因素、非智力因素和知识储备问题，但更多的情况下，此类型可以融入前两种情况里。只要找到原因，问题都是能够得到解决的。

有兴趣，每个孩子都能爱上学习

在家庭教育及青少年教育的探索中，孩子的学习问题本就是最突出的，而其中更突出的问题又是孩子不爱学习的问题。调查表明，在现实生活中，百分之八十以上的中小学生，都或多或少有厌学的情绪，即使是优等生也不例外。孩子一旦厌恶学习，那么要想让他们自觉主动地学习，便成为一句空话，他们会采用各种方法逃避学习，逃避家长的监督，逃避老师的督促，将学习和学校当作洪水猛兽。

那么，如何才能让孩子爱上学习呢？

心理学家认为，一项活动是否容易令人疲劳厌恶，既跟活动量有关，也跟人们对它的态度有关。作为家长，也许我们减少不了孩子学习的量，但却可以改变他们对学习的态度，借此从心理上减轻厌恶感，让每个孩子都可以爱上学习。

1. 把学习藏在探索“秘密”的活动中

一般来说，孩子对某一事物的兴趣通常与他们的好奇心、新鲜感受分不开。因此，要想激发孩子对学习的兴趣，你可以经常带孩子出去参观、外出散步，或者带着孩子摆弄和拆卸各种玩具等，让孩子在探索“秘密”的活动中，激发学习的兴趣。

也许，大发明家爱迪生的故事可以给你更好得启发：

爱迪生在八岁时才开始进了一所只有一个班级的学校上学，校长和老师都是恩格尔先生。

由于学校课程设置呆板，老师讲课又枯燥无味，爱迪生对上课实在没有什么兴趣。因此，老师在讲台上教课，他就在下面走动，有时还跑到外面去，从来没有好好地坐在椅子上过。有时候，他还会收集附近人家丢弃的物品，而制造些奇奇怪怪的东西带入教室，整天就玩这些东西，完全不注意老师在台上讲些什么。当然，这往往也会妨碍其他孩子上课。因此长期下来，老师感到很头痛。

终于一次，忍无可忍的老师把爱迪生的母亲叫到了学校。因为在上算术课的时候，许多学生都安静地听讲，只有爱迪生忽然举手发问说：“二加二，为什么等于四?”老师被问得张口结舌。

老师对爱迪生的母亲说：“爱迪生这孩子一点不用功，还老是提一些十分可笑的问题。昨天上算术课时，他居然问我二加二为什么等于四，你看这不是太不像话了吗?我看这孩子实在太笨，留在学校里只会妨害别的学生，还是别上学了吧。”“我认为爱迪生比同龄的大多数孩子聪明，我会教我的爱迪生，他再也不会来到这里!”爱迪生的母亲非常生气地说。

此后，爱迪生便在母亲的亲自指导下如饥似渴地汲取着人类先哲的智慧思想。她具有高超的教育才能，因此把家庭教育办得生动活泼。春天，树木抽出嫩枝时，她和儿子坐在屋门前，边晒太阳边上课。夏夜，天上是密密麻麻的星星，庭院里一片葱绿，她和儿子来到高高的望塔上，一面纳凉，一面读书。到入了秋，爱迪生又念上了《鲁滨逊漂流记》《悲惨世界》这一类古典文学作品。冬天，天寒地冻，她又与儿子在一起围火授课。她讲地理，如同把爱迪生带到世界各地周游，漂洋过海，登山探险；她讲英文，又非常注意打下良好的基础。

正是因为有了这样一位伟大的母亲，爱迪生的好奇天性才没有得到扼杀，为他后来成为一个伟大的发明家打下了很好的基础。

很多妈妈在面对孩子不爱学习的问题时，总是先将孩子责备或打骂一顿，而并没找出孩子不爱学习的真正原因，协助他们培养学习兴趣，这正是教育的失败之处。

在日常生活中，孩子常会对你提出各种各样的问题，这就是孩子对周围事物产生兴趣的表现，如果你对孩子置之不理，孩子的求知欲就会泯灭。相反，如果你能热情对待孩子的提问，并积极引导孩子去认识，去探索，并引发更多的问题，那么孩子就会激发起学习知识和技能的欲求，养成勤奋和刻苦学习的习惯。

2. 寓学于玩

玩耍，其实是自然界赋予孩子学习并适应环境的独特方法，你不让孩子玩耍就是让孩子停止了学习。寓学于玩，学习便无处不在。

（1）售票游戏里的数学课

给家里的所有东西标价，和孩子一起玩售货员和顾客的游戏，这样孩子不仅了解了数字的多和少，也能了解到更大的数字或许可以代表物品更有价值。找零钱还可以让他们学会简单的加减法。这样，这些枯燥的数学知识在玩中就愉快地学会了。

（2）玩具里的空间能力

电动汽车在孩子的操作下穿过茶几，从房间的这头奔驰到那头，小汽车的高度能不能穿过更低的沙发，能不能从那条小窄到上穿过，都是锻炼他的空间感觉。而积木则可以帮助孩子建立三维空间感，这是今后他们学习几何、物理甚至到了大学学习建筑、工程的基础。即使孩子在沙发上蹦来蹦去、在床上练习倒立，也都是在发展他的空间能力。

（3）故事中成长起来的语言家

还没有认字的孩子对于那些听了无数遍的故事，就能够像模像样地“读”了，他们一边翻书，一边凭借记忆，把故事一一对应地讲述出来。

这种伪阅读对于今后的真正的阅读非常有帮助，他们会对于故事的起承转合、开场首尾有所感悟，也学会了用恰当的语言来表达。他们可以在和别人分享故事的过程中获得乐趣，还会因此和书籍交上朋友。

（4）涂鸦中放飞想象力

孩子眼中的世界要远比现实世界要丰富、神奇得多，他们通常用自己的想象“勾勒”出神奇世界的一角，想通过涂鸦的方式将他们想象中的世界展现出来，于是就有了那些大人看不明白、认为毫无意义的线条。涂鸦可以让孩子的想象力得到较大程度的展现和发挥，而不受很多客观条件的限制，对孩子的潜在智力是一种积极开发，可以提高孩子的艺术修养，为孩子的成长与成才提供最大的可能，因此，对孩子的涂鸦，大人要抱着支持的态度予以正确引导和配合，而不是予以制止，或者训斥。

3. 肯定孩子取得的成绩

让孩子体验到克服困难获取成功的乐趣，是保持孩子学习兴趣的必要条件，你应该注意让他有获得成功的机会，即使是微小的进步，也应加以鼓励。经常地遭受挫折，甚至遭受指责或体罚，会使孩子的学习兴趣丧失殆尽。

有一位妈妈曾经这样说起自己培养孩子成才的过程：

我发觉宝宝对绘画很有兴趣，因此，从他三岁多开始，我就有意识地在绘画方面引导他，培养他的兴趣。

上幼儿园期间，除了帮他准备好必备的绘画用品，如绘画图册、蜡笔、水笔、蜡泥外，我还让他多看其他小朋友的成功作品，让他有一种向往成功的情感，然后从涂色开始，给他色彩上的刺激，让他的每点小小的进步，我们都及时给予鼓励，强化他的自尊心和荣誉感；我还鼓励他参加幼儿园里的绘画比赛，让他的作品多次张贴出来，让他感到自己在绘画方面很“不错”的感觉，增强他的自信心，为以后在绘画方面遇到困难、挫折能顽强攻克奠定基础；接着，我又积极鼓励他参加更大一些的比赛，加上幼儿园老师的辅导，结果孩子在进入幼儿园的第一年就获得区幼儿绘画赛二等奖，让他初尝成功的乐趣。

上小学期间，读一、二年级时，我又支持他利用课余时间跟美术老师学画画，动员他参加学校举行的各种美术方面的比赛，如蜡泥比赛、绘画比赛、手工制作等。我会先让他谈一下构思，然后帮助他选择一种比较好的，接着让他制作，我在旁加以指点，对好的，及时表扬，肯定，不够的地方，让他改正，力求让他的在现有水平的基础上做出好的作品来。很快，我们的良苦用心得到了回报，孩子在多项比赛中都取得了不错的成绩。

当然，这些成绩也离不开辅导老师的悉心指导。但是最重要的一点是：如果孩子没有良好的兴趣，这一切都将成为不可能。孩子在取得这些成绩的同时，也增强了他对美术的爱好程度，让他感受到无穷的乐趣。

在孩子刚开始学习的时候，我们对孩子的期望不能超越他已有的水平和他通过学习最近可能发展到的水平，并要及时肯定他所取得的成绩。在大人看来是微不足道的进步，却给孩子带来了成功的体验，并依据学习成果来调整心事活动，增强孩子的自信心和自尊心。

“十年树木，百年树人。”在这场马拉松式的竞赛过程中，需要父母和孩子齐心协力、持之以恒，遵循孩子身心发展规律，从激发孩子学习兴趣入手、培养孩子良好的学习习惯。这样，才能让孩子沐浴着春风和阳光，带着快乐心情，轻松上阵。

有技巧，重塑孩子学习的自信心

孩子厌学的一个重要原因就是因为他不会，从而使他对学习失去了信心及兴趣。这也就解释了为什么很多孩子每天都要学到很晚，可是学习效果却并不明显。因此，我们有必要让孩子“学会学习”，即掌握好的学习方法和学习技巧，以重塑他学习的自信心。

这些方法和技巧包括：

（1）使用多种感官来学习

宋代的大学者朱熹曾发明了一种“三到”读书法：“读书有三到，谓心到、眼到、口到。心不在此，则眼看不仔细，心眼既不专一，却只慢朗诵读，绝不能记，记亦不能久也。三到之中，心到最急，心既到矣，眼、口岂不到乎？”从心理学上来说，这其实就是由感官协同效应造成的。

美国心理学家格斯塔做过一个实验也证明了这一观点：

他把智商相近的10个学生均分为两组，第一组在屋里只有5张椅子和5本《圣经》，第二组在室内除5本《圣经》外，还有几本宗教故事画集，同时在背诵时播放宗教音乐。同样的时间后，要求两组被试者都背诵《圣经》。结果发现第二组成绩远优于第一组。

在这种学习方法中，我们发现同时使用了两种感官（视觉和听觉），把声音与画面相结合，生动形象与情绪感染相结合，就比单纯用眼睛看学得更快。作为父母，如果想要孩子取得良好的、事半功倍的学习效果，就要告诉孩子在学习时，要尽量多使用几种感官。例如，学习英语的时候，既看纸上的英语，又听别人说英语，并且自己也说英语，这样，把视觉和听觉结合起来，就可以学得更快。

学习中用手，也可以加强记忆。例如，父母可以告诫孩子，在复习功课的时候，最好自己动手，摘出要点，编写提纲，或者把一些重要的习题再解一遍，重要的公式重新推导一遍。试验证明这个方法很有效，毕竟动了手的印象总比不动手的深。

（2）将知识与自己的生活相结合

人都有这样的特点，就是在接触到与自己有关的信息或者事情时，更不容易忽视或遗忘。这在心理学上叫做“记忆的自我参照效应”。因此，父母要想使孩子学会某种技能，就要尽量让他们把知识与自己的生活实际，结合在一起，这样才能使孩子对知识产生浓厚的兴趣，记的更扎实。

例如在对语文的学习中，就可以应用这个原理。要想使孩子真正理解课本中的文章，与作者及文中人物产生“共鸣”，你可以在文本世界和孩子的生活世界之间，搭起一座桥梁。比如《风筝》是作家贾平凹的作品，写了“我”童年时候和伙伴们制作风筝、放风筝、找风筝的情景。为了让孩子对放风筝有直观体验，父母可以带孩子去公园放风筝。通过自己动手放风筝，孩子对课文的理解就不仅仅停留在抽象的文字和理论上了。

再以学习数学为例。父母要让孩子感到，数学不是抽象的科目，它更有非常实际的用处。比如让孩子去商店买各种商品，让他再算需要多少钱。这会让孩子感到学有所用，从而激起对学习数学的兴趣。父母还可以在购买家具或搬动家具的时候，让孩子拿尺子进行丈量，以学会度量。

可以把英语变成可以应用的英语，也有很多办法，比如在家具上贴上英文名称，以促使孩子把英语单词和生活联系起来。也可以和孩子进行英语对话，或者鼓励孩子看英文电影，阅读英文的报刊、杂志等。

当然，学习的方法和技巧，绝不仅仅上述的几种，而是有许多方式，这里只不过列出了常见的几种。在实际运用中，大人要根据孩子的具体情况，酌情采用哪种方法，或者几种方法综合采用。但无论哪种方法，只要有利于孩子学习，有利于孩子成长，有利于孩子变得更聪明，那么，都可以坚持下去，成为一种习惯。

教子有方：孩子的兴趣与特长有冲突怎么办？

兴趣与特长之间既有交集也有区别。我们的兴趣也许很多，但却不是每一种都是特长。举例来说，如果孩子喜欢唱歌，那就是他的兴趣，假如他唱的歌有一定水平，那就是他的特长；如果孩子喜欢跳舞，那就是他的兴趣，假如他跳的舞有一定水平，那就是他的特长……但现实生活中，既是某人的兴趣又是特长的只是少数，从一般规律来说，做自己喜欢的工作并不是大多数人的幸运。正是如此，兴趣与特长一般情况都是出现背离的。

那么，如果孩子的兴趣和特长有冲突怎么办？

作为父母，应该提早发现并且发展孩子的特长，即要以孩子特长为重，要他对自己的特长产生兴趣。因为只有以有特长为前提的兴趣才更能激发孩子的潜能，对未来的职业生涯有更大帮助。积极地去发现孩子的特长，引导他们对自己的特长产生兴趣。特长与兴趣统一了，才能减少“浪费”，加快进步。

打造孩子终身学习的自学能力

在现代社会，绝大多数的父母对孩子的教育都十分重视。父母从小就开始教孩子各种各样的知识，生怕孩子输在起跑线上。

但现实情况呢？我们看到的却是——孩子只是根据“指示”学习，而自己不能主动学习。即使有时候我们听到孩子说“现在要学习（勉强）了”，表面看是自己主动想学习，但好像总给人一种受人催促，不得不做的“被动性学习”的印象。这如果只是语气的不同倒好了，但如果在深层中与现实相关的话，或许孩子们不久就会变为“不说不学”所谓的“不会主动学习的孩子”。也就是说，以往的教授法造就了根据“指示”开始学习，自己不能主动学习的孩子。这样，成为不说不学的孩子后，还将变成不只是“不”学，甚至是“不会”学的孩子。

事实上，那些成大事者与普通人之间最大的区别就在于，成大事者总是自发自动地去努力。孩子要想取得优秀的成绩，创造美好的未来，必须永远保持自觉主动的学习精神。

其实，“学习”原本指的就是自主的学习。国际21世纪教育委员会在谈到学会学习时，特别指出：“这种学习更多的是为了掌握认识的手段，而不是获得经过分类的系统知识。”

你要知道，即使你是一名大文学家或者是科学家，知识也是片面的，你不可能给孩子比自己知道得更多的知识，况且日新月异的社会发展，父母也会有很多跟不上的东西。所以如果父母对孩子的教育方式还在限于告诉他每一科的知识，那么方式真的太守旧了，对孩子来说这是一种悲哀。实际上，作为父母，我们需要给孩子的就是——让他们“学会学习”。让他们自己去学习，这样才能学到他们喜欢的东西，学到更广泛的知识，而对于他们的思维来说，这样才可能会有更多的创新。

自学能力培养的内容

父母可以从以下几个方面来培养孩子的自学能力：

1. 教孩子选择信息

书是孩子获取知识的一个主要来源。以选择图书为例，小学低年级学生掌握的词汇量有限，需要文字简单、画面生动的注音读物和连环画。如《世界童话名著连环画》等，把孩子引向丰富多彩、充满幻想和诗情的世界；高年级学生选书一要实用，二要立足于启迪思维，开发智力。如《儿童百科全书》《十万个为什么》等。

另外，不容忽视的是，现代时代，特别是网络技术、数字化技术的发展，让孩子们所获得社会信息的渠道、内容和数量，远远超过了家庭教育和学校教育的范畴。这不仅需要学校教育对学生的引导，更需要家庭教育对孩子加以指导，教育孩子正确对待所接触的一切，培养孩子明辨是非的能力，强化孩子的免疫力。

2. 教孩子接收信息

接收以各种媒介作为载体的信息，其中以视听为主。最主要的是要培养儿童独立阅读的能力，使他们能根据需要主动阅读书籍报刊，例如要求孩子对所学科目进行预习。而读书就要有疑，疑是探究知识的起点，因此，家长还要鼓励孩子敢问善问，孩子的问题越多，他最终获得的知识就越多。告诉孩子，大胆地向父母、老师提出疑问，不是愚笨的反映，而是追求真知、积极向上、聪明、负责的表现。而且还要自己动脑去思考。实践证明，通过自己用脑学到的知识，印象深，记忆牢；即使有些问题自己用脑解决不了，仍需请教别人也要在经过自己的反复思考之后才问，那么你一旦弄懂，其记忆效果必然是深刻的。

3. 教孩子处理信息

接收了信息还要处理，就是将接收到的信息与头脑中原有的认识结构相联系并纳入认识结构。有些孩子为了应付考试而习惯于死记硬背书本知识，一些家长也习惯于单纯向孩子讲解知识并让孩子按照固定的程式做练习，这种形式主义的学习方法危害是很大的。正确的做法是：可以引导孩子把书本上的内容和通过学习实践所获得的经验结合起来，整理小结。鼓励孩子发表自己独特的见解，善于与人探讨问题；鼓励孩子把自己的学习心得介绍给同学，帮助学习有困难的同学赶上来。

4. 教孩子存储信息

把获得的信息纳入认知结构本身是一种存储，为了防止遗忘，可以指导孩子写读书笔记，做读书卡片，把有用的资料记录下来，利用电脑存储就更方便了。

值得一提的是，培养孩子自学能力的前提条件是：孩子必须具有一定的文化知识，掌握读、写、算的基本技能，具备中等以上的智力水平。当然，对学习成绩较差的孩子，也要重视培养他们的自学能力，但是不要操之过急，要适当降低要求，放慢进度，练习的形式要多样化，让他们在学习上顺利爬坡。

帮助孩子建立良好的学习习惯

学习习惯是在学习过程中反复练习形成并发展的一种自动化的学习行为方式，从这个意义来说，要想打造孩子终身学习的自学能力，一定要帮助孩子建立起良好的学习习惯，这是事半功倍的大好事。事实上，那些在学术上取得成就的人，绝大部分都具有良好的学习习惯。那些智力超群的天才班的学生，在谈到自己成绩优异的原因时，也都会强调良好的学习习惯的重要性，可见，良好的学习习惯对于优化学习能力，提升学习成绩，增强自信心等方面，都起到了巨大的影响和作用。

作为家长，如何利用自己的优势帮助孩子培养起良好的学习习惯呢？总体上说，培养孩子良好的学习习惯应从“大处着眼，小处着手”，即在孩子的一举一动、一言一行中逐渐养成。具体可通过下面的方式来进行：

1. 养成观察的习惯

观察力是一个人智力的一个重要方面，懂得变换角度观察问题是提升智力的有效途径，因此，生物学家巴普洛夫一再强调："观察，观察，再观察。"在引导孩子观察事物时，可以先从孩子最熟悉、最喜爱、特征比较明显和容易辨认的事物开始。在引导孩子观察的同时，大人也要尽量表现得兴趣盎然，以感染孩子，提高孩子的观察兴趣。因为只有提高孩子的观察兴趣，孩子才会积极主动地去观察，观察效果才会更好，也才会在观察的过程中逐步提高自己的能力。

2. 养成阅读的习惯

良好的阅读习惯是开启孩子学习习惯的重要环节，可使孩子终身受益。良好阅读习惯的培养是有章法可循的，可以在每晚睡觉前，给孩子或跟孩子一起阅读一个睡前故事，也可以趁休息的时候带孩子去书店或图书馆看书。

为了增加兴趣，可以在读完一个故事或儿歌后参照书中内容进行模拟表演，家中几个人分别扮演，表演一遍后可以重复几次，也可以角色互换表演。还可以就书中内容，向孩子提问题，让孩子充分思考。要告诉孩子，遇到不明白的地方，要及时提出来，以培养孩子不懂就问的学习习惯。

3. 养成预习的习惯

课前预习可以提高课上学习效率，有助于培养自学能力。预习时应对要学的内容，认真研读，理解并应用预习提示、查阅工具书或有关资料进行学习，对有关问题加以认真思考，把不懂的问题做好标记，以便课上有重点地去听、去学、去练。如果孩子中途退缩，半途而废，大人要细心观察，要及时帮助孩子解决遇到的困难，对于孩子的点滴进步要及时予以鼓励、表扬，使他们产生愉悦感和自信心，孩子就会逐步地学会控制、约束自己的行为，去完整地做好这件事情。

4. 养成专注的习惯

良好的注意力是提高学习效率的一项重要保障，注意力如果不好，则学习效率很难得到保障。由于孩子天性是好动的，很难专心致志地去做某一件事，包括在学习方面，因此有必要对孩子的注意力进行训练和强化。这在前文中有更详尽的介绍。一个最简单有效的方法就是，你可以帮助孩子根据学习内容，为每个时间段规定具体的学习任务，并要求他必须在一个时间段内完成一个具体的学习任务。这样做，可以减少乃至避免孩子学习时走神或注意力涣散的情况，有效地提高学习效率。孩子在完成每个具体学习任务后，还可以产生一种成功的喜悦，使自己愉快地投入到下一时间段的学习中去。随着一次次的训练，最终孩子的专注能力会逐渐增强。

当然，良好的学习习惯不止这些，诸如大胆质疑、课后总结、勤查工具书、勤于动笔等好习惯的建立也是必不可少的。总之，对孩子来讲，建立起良好的学习习惯要比直接获取具体知识意义要深远得多，有了良好的学习习惯这件“强大的武器”，学习则会无往而不利，学习成绩自然会“水涨船高”。

爱上学习≠变成书呆子

培养孩子终身学习的自学能力，可不是要他们变成书呆子。我们在注重孩子书本知识的学习之外，还应该教给孩子一些必要的生活常识，这对孩子更好地应对生活现实，将来更好地走入社会是大有好处的。比如：

1. 记住家庭住址及父母的姓名、工作单位

在孩子开始懂事时，你就要有意识地教他们识别自己家庭周围的环境，以及父母的姓名和单位等。这样可以减少孩子走失或找不到家的可能性，还能增加孩子应付外界环境的自信心，使其遇事不致惊慌失措。另外，还要教孩子一些在马路上行走的常识，确保孩子的交通安全。

2. 认识药品及了解用药常识

家庭中，通常都存有一定数量药品以备急需，你可以把一些常用药品拿出来教孩子辨认，使孩子逐渐了解药品的名称、用途及用法，这样既让孩子增长了知识，又降低了发生危险的可能性。在带孩子上医院看病的时候，你还可顺便教孩子认识医院，了解各个科别、看病的程序和方法，在可能的情况下简单地告诉他们某些医疗器械的用途，以便解除孩子对医生的恐惧感，学会配合治病，或在发生意外事件时，能自己到医院求助。

3. 教孩子认识常用小工具及安全使用的方法

父母在使用一些工具时，可以顺便告诉孩子这些工具的名称及安全使用的方法。还可以给孩子提供一些比较安全的小工具，诸如餐刀，不带尖的剪刀，小型的锤子、钳子等，让孩子边玩边学，既熟悉了各种工具的种类和功能，又在使用的过程中发展孩子的动作技巧。

4. 避免被坏人伤害

你要告诉孩子这世界上有坏人的存在，并嘱咐孩子不要接受陌生人的礼物，不到陌生人家中去，也不要请陌生人到自己家里来，女孩则不要让父母以外的人抚摸自己的身体，碰到存心不良的人纠缠时，要赶快跑到人多的地方或者告诉警察，还可大声呼救或跑到附近居民家。

教子有方：科学学习有口诀

由浅入深，循序渐进；
业精于勤，荒于嬉；
持之以恒，锲而不舍；
从精出发，博览全书；
不耻下问，学会提问；
多动笔墨，多作笔记；
温故而知新，学了就复习；
专心致志，认真学习；
熟读精思，深思熟虑；
触类旁通，敢创新路。

第四章

开发创造力

——鼓励孩子的求知欲和好奇心

“拥有一颗好奇心最重要。”

——詹姆斯·沃森

每一个伟大的成就都与创造力有关

人类的历史可以说是人类的创造史，从远古时代第一把石斧到当前最先进的电子计算机，无一例外都是人类创造力的产物。可以说人类每一个伟大的成就都与创造力有关。

对创造力的诠释

所谓创造力，就是产生新思想，发现和创造新事物的能力，是成功地完成某种创造性活动所必需的心理品质。它与一般能力的区别就在于它的这三元素：思考的流畅性、独创性、变通性。

1. 流畅性

流畅性指创造性想法的数量，具体是指当发现一种新的现象后，能迅速挖掘新的东西，展开纵深研究；或者在看到一种现象后，很快联想到与之相关的食物和现象。

专家们认为“脑力激荡”是发展流畅性的好方法。通常是针对某个特定问题，尽可能提出最多的解决方法。在解决过程中强调不批判、不限制的态度。

2. 独创性

独创性是创造力的主要特征。指不流于一般世俗的想法，所采用方法未必是“正确的”反应。

事实上，古往今来许多大智大慧者，都是独创性地发现一般人不能发现的问题。如德国科学家高斯，在小学时就能独立发现等差级数和的公式；英国物理学家罗素在沿着河岸跃马跟踪小木船卷起的波浪时，独创性地发现了“孤立波”；而爱迪生一生能做出1200多种发明，都同他的独创性思考、独立工作能力有很大关系。

这也就是说，独创性发现问题、分析问题、解决问题，也正是开发创造性的关键所在。训练独创性时可以采取这样的方式：提出一系列的问题，鼓励自己提出既合理又不寻常的独特答案。

3. 变通性

变通性是指能从容穿梭于不同类别的情境，在观察、记忆、思维等心理活动中表现为善于迅速引起联想，建立联系；善于从不同方面来思考问题并寻求最有效的解决问题的办法；善于自我调节，迅速及时的调整原有的思维进程。急中生智就是变通性的典型表现。如司马光砸缸、曹冲称象等，都需要高度的思维变通性。

对于变通性的训练活动常是让人思考改善事物结果或历程的途径，从事物不同侧面、不同角度考虑问题。

每个孩子都有创造力

或许正是由于创造力的这些特性，让许多人存在误解，认为这只是少数天才人物的事情，大多数普通人好像不会有什么发明创造。

其实，广义上的创造力，任何一个很小的孩子都能有。只不过，孩子的创造力较多地表现为创造性思维。例如，说谎是绝大多数孩子都有过的行为，很多家长只知道说谎是一种不好的行为，但却不知说谎代表了孩子一种更高级的认知能力和社交技巧，其中蕴含着孩子可贵的创造力。这是为什么呢？因为小孩最初的谎言都是由其“幻想”而来。他们由这些谎话展现他们所未曾经历过，却仿佛又曾经历过的事情，这和“由无到有”的创造力有着密不可分的关系。

而且，从创造学家E·格林提出的形成创造力的十大因素（知识、自学能力、好奇心、观察力、记忆力、理智、怀疑心、想象力、热衷、忍耐力）中我们也可以看出，这些因素是很容易在孩子身上发现的，至少孩子们都有过好奇心、想象力，关键是我们怎样帮助孩子将这些综合成一种能力。

事实上，人有创造力，这也正是人之所以为人的标志。即使是较高级的动物，也不具备和人一样的创造力。大猩猩也许为了得到高处的香蕉会搬个箱子，但是，它无论如何也不会制造工具，进行发明和创造。而人类则正是靠这种能力，才从动物世界中脱颖而出，成为世界的主宰。无论是远古时代的钻燧取火、造纸印刷，还是及至近代，爱迪生、爱因斯坦、贝尔试验室、比尔·盖茨……人类社会越来越依赖发明创造，无数的发明创造、大小专利不断地推动人类的进步，加速了文明的发展。

教子有方：孩子的谎话需区别对待

研究发现，说谎几乎是每一个孩子都有过的行为。不过，谎话和谎话也是不一样的。

孩子在3～8岁的时候，还无法弄清楚什么是真，什么是假，而且这个时候刚学会用字遣词来表达自己的意思，有旺盛的表现力，极度希望自己的话能引起大人的注意，而当他们发现自己所说的一些夸张言语，或是将一些别人做的事说成自己做的时，会引起大人们的注意，甚至的夸奖，他们就不由自主地“说谎”了。比如孩子会认真郑重地告诉你：他的房间里住着一只超级恐龙，他的被子里住着一个会跳舞的小精灵，他每天晚上会和小仙女去森林里玩这样的话。对孩子这类没有恶意的“谎言”，我们大可不必捅破，反而应该予以尊重和保护，并尽可能与之相配合，使其创造力得到滋润和发展。

当然，另一类谎言就需要各位家长的引导了，使其认识到说谎的害处。

创造力高的孩子有什么特征

现代心理学研究表明，从幼儿时期，孩子就开始有创造性的萌芽。如果能对其进行科学训练，孩子的创造性潜能就会体现出来，从而表现为创造力。

当然，越来越多的家长已经认识到保护和发展孩子创造力的重要性了，但由于对孩子的一些创造性表现不太了解，往往在无意中压制了创造性的发展。因此，你首先需要正确解读孩子的创造力。

孩子创造力的表现解读

一般来说，一个有创造力的孩子常常会在日常行为中有所表现，心理学家们在多年研究的基础上总结出了以下 22 个特征，家长们可在日常生活中多多留意，以此来了解孩子的创造力。

1. 在倾听、观察或做事时，精神高度集中，以至听不见别人的说话或忘了吃饭等。如“哦，我没听见你叫我吃饭。”

2. 异常的活跃、难以安静。例如他会说：“我正在思考问题，我不能坐下。”

3. 说话时喜欢用比喻，而且比喻又很别致。如“我觉得自己像一条即将变成蝴蝶的毛毛虫。”

4. 有向权威思想挑战的倾向。如“为什么书上说的都对呢？”

5. 有追根究底的倾向。如“妈妈，我查看了所有的参考书，也看了电视的特别节目，而且问过老师，可我还是不知道上帝在哪里！”

6. 观察事物很仔细。如“嗨，这只蜈蚣只有 41 条腿。”

7. 渴望把自己的发现告诉别人。

8. 即使在闲暇的时间也不放弃创造性活动。如他会说“休息时，我做了样东西。”

9. 把两个毫无关系的东西联系起来。如“嘿，妈妈，你的新帽子简直像个飞碟。”

10. 坚持把自己的某种想法付诸实施。

11. 对各种事情表现出好奇，并渴望了解它们。如“我就是想知道从这个院子的房顶上看出去是什么样子的，所以我就爬上了房顶。”

12. 自发地运用实验检验自己的想法。如“我以为面粉加颜料就能做成橡皮泥，结果都发霉了。”

13. 有做各种试验的习惯。如“我往洗鸟池里放过清洁剂，可是没有一只鸟来洗。今天我想试试泡沫洗衣粉。

14. 忠实于真理并强烈地探求真理。如“我觉得世界上真的不存在什么妖精。”

15. 有独立的行为。如“让我一个人想一会儿可以吗？”

16. 敢于提出新观点。如：“我觉得应该允许儿童投票表决。”

17. 不易分散注意力。如“我还不能出去，我必须等我的试验做完了才能和你出去。”

18. 善于获得物体间的新组合。如“就用线和铅笔做圆规吧。”

19. 具有敏锐的观察力的提出问题的能力。如“雪融化后，白色到哪儿去了呢？”

20. 有寻求变通办法和探究新的可能性的倾向。如“这只旧皮鞋可以做个花盆。”

21. 能自觉地独创性地学习。如“昨天我去图书馆把所有关于蚊子的书都查过了。”

22. 乐于思考或提出一些调皮的问题。如“如果狗是主人而人是宠物，会怎样呢？”

当孩子身上有了一半以上的特征，就说明他拥有极强的创造能力。

而那些特征并不明显的孩子，则需要家长着力培养。

孩子创造力的个性特征

除了行为上的表现，创造力高的人也有着一些鲜明的个性特征，如：

1. 有自信。对自己有信心。善于接纳自我，独立思考、独立决断和独立行动。

2. 有毅力。面对困难时坚持不懈。具有挑战困难、突破困境的坚强个性。

3. 有担当。敢于承担一定的风险。在不确定的情境中，能够通过理性的分析，做出利弊推断，然后进行果断的行动。

4. 有勇气。不怕失败、不故步自封，能够大力开拓，去尝试改变，有勇气打破现有的局面。

5. 有包容。善于接纳不确定性，不论是科学领域还是生活领域的问题。并主动寻求多种解决途径、接纳可能的多种结果。

6. 有开放。这是一种开放性的思维方式，包括对各种新知识、新经验的开放，新的尝试行动的开放，对新事物的好奇心与向往以及对各种价值观的开放性。

表现在孩子身上，则以下 5 条是大家公认的：敢做他人认为做不到的事情；不顺从别人；不按常理出牌；敢于质疑，包括社会规范、道理和假设；愿意表明立场。

当然，创造力与其他能力一样，也并非固定不变的，而是与环境相互作用的结果。而这也正是下面我们所要讲到的问题。

教子有方：0 ~ 6 岁孩子创造力发展的时间表

年龄段	特点	表现	爸妈应该做的事
0~2 岁	前创造期	孩子主要以直观的行动的方式进行思考。	经常带他走进大自然； 做出重复的动作和声音，让他模仿； 鼓励他用各种方式表达自己的意愿； 让他安全自由地探索； 和他一起玩角色扮演的游戏。
2~4 岁	创造力的萌芽	从依靠实物向依靠头脑中事物的表象过渡的一个阶段； 想象力刚刚萌芽，而且，孩子开始有了自我意识。	让孩子接触各种各样的材料和玩具； 增强他的安全感，特别是在接触陌生人或参加活动的时候； 让他多与同龄人一起玩，且不要过多介入； 支持他的想象性游戏； 给他从事自主活动的时间。
4~6 岁	创造力的发展	思维逐渐从动作中分离出来； 表象在思考中所占的比例也越来越大。	保证他有自主活动的时间，并增加他想象内容的复杂性和逻辑性； 给孩子提供各种各样的材料和物品，让他随心所欲地进行组合。

为什么我的孩子创造力这么差?

与创造力高的孩子相比，有些父母在自己的孩子身上，得出了这样的答案：木讷呆板，不管他人怎样谈论，总喜欢封闭自己；思维不活跃，不善于回答问题，更不知道怎样提问；对新事物缺乏敏感性，也不关心新奇的事物，好像与世隔绝一样；做事过于循规蹈矩，一旦出现一点意外情况，就不知道怎么处理；动手能力差，照着示范都做不好一件事情，更别说做一件新奇的东西……

“为什么我的孩子创造力这么差？”

“其实最大的问题可能正出在你（每一位父母）的身上。”

家庭环境对孩子创造力的压抑

让我们先来读几个名人小时候的故事：

德国大诗人歌德：父亲常带小歌德参观各种城市建筑，讲城市历史，讲自己游历的故事。他4岁半时，祖母就送给他一座木偶戏戏院，他6岁自己排戏、10岁自己写剧本；母亲也常给他讲故事，讲到关键地方停下来，第二天让小歌德讲，故事该怎样继续，从而培养了他丰富的想象力；8岁开始，歌德除学德语外，还学法语、意大利语、拉丁语、希腊语，受过广泛的教育，终于使他成了文学创作的巨匠。

美国大发明家爱迪生：爱迪生从小就好奇、好问、好实验，曾经闹过把自己当作鸡来孵蛋的笑话，还曾给邻居的孩子乱吃泻药，后来终于在母亲的支持下成长为发明家。

现代科学之父伽利略：父亲针对伽利略喜欢遇事问个“为什么”的特点，启发他，改变了伽利略原先想当修道士的念头，使他成为一个伟大的物理学家。

这些杰出人物的事例都告诉我们一个道理——孩子的创造潜能靠培养、靠挖掘，尤其是需要家长给他们创造宽松的、适合他们成长的环境。

不要说什么“他们是天才”，因为如果没有良好的家庭环境和父母因材施教的教育方式，“天才”的歌德、爱迪生和伽利略也会变成庸才。

其实从理论上说，每个孩子身上都蕴藏着这样巨大的创造潜能。只不过由于成人认识的偏颇和教育的失误，经常自觉或不自觉地压抑了孩子的创造意识，使得孩子原本具有的创新意识和创新思维逐渐消失了。

例如，孩子的特点是好问好动，对不理解的事情，总是问“是什么？”或者“为什么？”，然后是想摸一摸，碰一碰，亲自感觉一下是什么样子的。如果仍不理解还可能继续追根问底“为什么会这样？”“是怎么成这样的？”这些都是好奇心驱使孩子去探索的表现。

父母对这种最初的探索表现应当积极地给予扶植和培养，对孩子的提问尽量给予满意的回答，并向孩子提问，促使他进一步思考。如果有可能，应让孩子看一看、听一听、摸一摸，以加深他的认识。而如果父母把孩子的询问当作无目的的乱问，不予理睬或简单应付，甚至表现不耐烦的态度，这样就会给孩子的好奇心泼冷水，压抑他对探索求知的欲望。如果孩子的好奇心和探索精神越来越少，也就失去了发现新问题的能力，也就谈不上什么创造力了。

家庭教育对孩子创造力的扼杀

鲁迅说过这样一句话：“孩子是可敬佩的，他常想到星月以上的境界，想到地面下的情形，想到花卉的用处，想到昆虫的语言；他想飞到天空，他想潜入蚁穴。”其实孩子天马行空、稀奇古怪的想法正是可贵的创造力的火花。

那么，到底是什么让无数充满奇思妙想的孩子长成了思想贫乏单调的成年人?

这里要责怪的，自然不是孩子，而是我们自己。

当孩子说出“雪化了变成了春天”的时候，他正美美地享受着春暖花开，但是换来的却是你连连地摇头；当孩子说出“我在草丛里看见了一只有小汽车那样大的甲虫。”时，得到的只有大人的斥责——“无中生有”“吹牛说谎”……

在我们制造出一批又一批“听话”的孩子的同时，你可曾想过我们丢掉了什么?

孩子们记住了你所说的所谓“标准答案”，可是丢掉的却是可贵的想象力、创造力！事实上，我们的教育过程中，一味强调教育的“无所不能”，把知识当作教学的目的，而忽略了孩子学习的主动性，其直接后果就是控制甚至毁坏了孩子的创造力。

先天的因素我们也许无能为力，但人文灾难却可以避免。对于孩子珍贵而脆弱的创造力，每一个做父母的都应该谨慎小心地对待，不要早早地把它破坏掉，更不要把它扼杀在不科学的教育中。

教子有方：父母束缚孩子的方式，你中了几条?

1. 强迫

表现：从来没有想过孩子的需要，总是把自己的意志加给孩子，孩子申辩、愤怒、反抗等权利他们都认为是小孩子不懂事而把它们剥夺了。

危害：这样长大的孩子一般都表现得很顺从和胆小，缺少独立性，遇事退缩，甚至有点神经质，成年了以后也很难适应复杂的社会生活。

2. 冷漠

表现：很少亲近孩子，对孩子的行为也漠不关心，既不肯定表扬，也不帮助教育，完全是冷落和忽略。

危害：这样长大的孩子一般都会长期感觉到孤独，严重的甚至可能产生自闭症。

3. 贬低

表现：孩子取得成绩时，往往不是第一时间给予孩子应有的肯定，而是吹毛求疵地为孩子的进步挑刺，甚至贬低孩子的进步，伤害孩子的自尊心。

危害：这样的孩子一般都有强烈的自卑感，缺乏自信心和主见。

4. 抹煞

表现：孩子犯错误时，从不在错误本身上去教育孩子，帮助其找出原因，鼓励他们克服困难、而是抹煞孩子过去的一切，甚至孩子的成绩，并批评责骂孩子。

危害：这样长大的孩子一般来说都会很消极、悲观。

孩子创造力开发的奥秘

大教育家陶行知先生在他的《创造的儿童教育》一文中阐述道：“教育是要在儿童自身的基础上，过滤并运用环境的影响，以培养并加强这创造力，使它长得更有力量，以贡献于民族与人类。教育不能创造什么，但它能启发解放儿童创造力以从事创造之工作。”

确实，对孩子来说，创造力和其他能力一样也是可以开发和提高的。

保护和鼓励孩子的好奇心

爱因斯坦有句名言说得好：“谁要是不再有好奇心也不再有惊讶的感觉，谁就无异于行尸走肉，其眼睛是模糊不清的。”好奇心，是人们对自己不了解的事物感到新奇而产生兴趣的一种心理状态，是科学家、发明家不断进行钻研和创造活动的强大内在动力。一个人只有对客观世界抱有强烈的好奇心，希望去了解它，然后才有可能发现可以改变的方面，而这正是创造的基础。

可喜的是，好奇心正是孩子的天性。一个好奇心强烈的孩子，对于新奇事物总是主动去探究，会提出各种各样的问题，以发现事物的内在联系。作为父母，应该珍惜和善待孩子的好奇心，并正确激发和引导孩子的好奇心。

1. 正确对待孩子的“淘气”行为

陶行知先生在执教过程中曾经碰到过一位母亲，这位母亲向他抱怨自己的儿子非常淘气，说把好好的一只贵重金表给拆坏了，她气得把儿子打了一顿。陶行知先生当即说："可惜呀，中国的爱迪生让您给'枪毙'了。"陶行知先生的这番话确实道出了在家庭教育中，父母怎样无意识地扼杀了孩子可贵的好奇心。

事实上，孩子破坏性的"淘气"行为正是受强烈好奇心的驱使。由于年幼无知，孩子对许多自然和社会现象的好奇，会促使他动手实验，以至于很多时候都充当小破坏分子。例如，他会把玩腻了的玩具到处扔，翻箱倒柜地在家中寻找新鲜的玩意儿；看见电视动画片中会说话、会唱歌的蓝色小精灵，他会围着电视机左看右看，用手拍打电视机，嚷着要他们出来陪他玩；听说种子种在地里能发芽，他也会把妈妈种在花盆里菜籽，每天挖出来看看有没有发芽；看见理发师给顾客理发，他回家后也会拿起剪刀把小狗、洋娃娃的毛发剪掉……

对孩子这些因好奇心而引起的"淘气"行为，父母一定要正确处理。

作家冰心有一句话说：淘气的男孩是好的，淘气的女孩是巧的。我们应善于发现孩子"错误"中的创造成分，并抓住这个机会教导他，而不是打骂，或是威胁。例如，孩子拆玩具后，你应该简单地向孩子讲述玩具的构造原理和安装方法，然后与孩子一起把玩具修好，并向孩子介绍玩具的正确使用方法，让孩子学会使用玩具、爱惜玩具。在游戏中孩子既获得了相关的知识又满足了好奇心，而且，这样的引导比枯燥的说教或书本教导更易令孩子理解。

2. 认真回答孩子的每一个"为什么"

孩子强烈好奇心的一个突出表现就是好问"为什么"。他们会因好奇而提出各种问题，如："为什么会刮风，为什么会下雨？""为什么会打雷，又为什么会打闪？""为什么爸爸有胡子，妈妈没有？""为什么母鸡下蛋，公鸡不下蛋？"等五花八门。而且，对于你觉得简单的、已作答的问题，他还会刨根问底，一遍又一遍，不厌其烦，让人难以招架。

不过，如果你忽视了孩子的提问，对孩子的问题置之不理，甚至嫌孩子烦，就会导致孩子不敢或不愿再提问，对周围的一切都失去了好奇与热情。高尔基曾经说过："对儿童的问题，如果回答说等着吧，长大了就会懂。这等于打消儿童的求知欲。"

但是，即使你有耐心，要满足孩子的好奇心，让孩子得到满意的回答，对家长来说却也是件难事。这就要求爸爸妈妈讲究回答孩子提问的艺术。

如果是定向性的问题，如“那是什么？”“这叫什么？”要给孩子以直接明了的回答；

如果是带有逻辑关系的以及其他较复杂的问题，家长在回答的时候，就要注意引导孩子去思考，让孩子用自己已有的知识经验，通过自己的观察和总结找出答案。例如，一个孩子看着夜空中的圆月，问妈妈：“为什么月亮是圆的，月亮会一直这么圆、这么亮吗？”妈妈却告诉她：“你过几天再来看，也许月亮就会告诉你他的秘密了。”一段时间之后，孩子自己找到了答案：“真有趣，月亮会从圆的变成弯的，又从弯的变成圆的！”这位妈妈的作答方式是值得肯定和提倡的。它既使孩子的好奇心得到满足，又让孩子通过自己的观察思考明白了“月有阴晴圆缺”的现象；

如果是你不知道的问题呢，那就要实事求是的告诉孩子你不知道，千万不能传递错误的信息。你可以选择告诉孩子，等查阅后再告诉孩子正确的答案。这种严谨的态度可以让孩子受到影响。

最后，还要学会说这样一句话：“我真喜欢你爱提问题。”

为孩子的想象力插上翅膀

想象力是人们在感知、记忆的基础上，对已有的知识、经验进行重新组合、创造出新形象的能力，它是一切创造的源泉。

而在人类的世界中，孩子的想象力又最丰富、最奇特，同时又是最富有变化的。美国一个权威咨询机构调查结果就表明：1 岁时，孩子的想象力、创造力高达 96%，但是当 7 岁后，想象力、创造力开始递减，到 10 岁时，孩子丰富的想象力、创造力只剩下 4%，变化可谓巨大。

可见，如果我们不对孩子们的想象力加以珍惜、爱护、激发，他们的创造力也终将消失殆尽。

1. 前提：不要用大人的思维左右孩子

在孩子想象的中，扫帚既可以当马骑，又可以当冲锋枪，一会儿它变成了雪人的胳膊……可是在成人眼里，扫帚就是扫帚，是用来扫地的。

这就体现出，孩子由于思维中很少受到心理定势的影响，比成年人往往有更多的创造性。

那么什么是心理定势呢？简单的说，就是在思考问题的过程中，用过去形成的经验来衡量新的事物，使人们在认知新的事物时，在主观上有一定的定型。

心理学认为，心理定势正是创造力的大敌。虽说它可以使我们在从事某些活动时相当熟练，甚至达到自动化，节省很多时间和精力。但是却往往会束缚我们的思维，使我们只用常规方法去解决问题，而不求用其他“捷径”，而妨碍问题的解决。

要知道，创造力就是一种求新求异、设法打破框框条条的束缚，而使问题得以解决的能力，因此它的前提就是要打破定势思维。

对此，父母应改变“包办”思想，不能把自己的思维，强行变成孩子的“思维定势”，自己怎样想，就逼着孩子拥有同样想法。虽然父母的知识经验要多于孩子，但孩子也会拥有我们所不具备的新点子、好主意。对孩子创新思维的鼓励是很重要的，如果你什么事都给他答案，将来等你不能手把手教他的时候，他自己就无法想出答案了。

因此，作为父母，我们应当创设一种宽松、民主、自由的家庭气氛，让孩子拥有充分的思考和做事的权利，这才有利于孩子创造性思维的发展。

2. 基础：让孩子像野花一样自然生长

我们说创新需要凭借想象，但人的想象也不是凭空而来的，一定要有丰富的生活实践。看得多，听得多，摸得多，接触的事物多，脑子才能积累丰富的表象，表象多了，经过改造、调整，才能产生新的表象，这个形象思维的过程就是创造。

儿童文学家冰心曾说过一句如诗一样的话：“让孩子像野花一样自然生长。”这句话尤其要说给身处现代社会中的我们来听。由于种种原因，我们人为地把孩子和自然环境隔离开来，让孩子被迫生活在“温室”里，这样就使孩子适应环境的各项潜能“萎缩”了，抵抗力弱化了，导致其只适宜待在“温室”里，离开“温室”便要生病，这完全是由大人的过分保护造成的。

实际上，每个孩子都有适应环境的无限潜能。而大自然也是孩子活动、生活、学习的最好场所和课堂。在大自然中，孩子们的各种能力可以得到有效促进，注意力、观察力、记忆力、想象力、逻辑能力以及语言表达能力都会有所提高，智商也会因此提升上去。

家长可通过各种活动，多带孩子到大自然中去，观赏各种树木花卉，区分它们的异同，了解植物与环境的关系；看看动物的不同形态，分辨他们的外形特征和生活习性；采集种子，捕捉昆虫，制作标本；仰望蓝天上变幻多端、漂亮浮动的白云……认识事物越多，想象的基础就越宽广，就越有可能触发新的灵感，产生新的想法。那种只想把孩子关在家里，只想让孩子写字、画画、背诗的方法，只会把孩子培养成书呆子，绝不可能培养成有创新能力的人。

3. 方法：有意识地引导孩子大胆想象

与之前相比，现在的孩子更聪明，这是人们的共识。可如果仔细观察就会发现，现在孩子的聪明只是“表面现象”，他们的抽象思维能力、想象力、表达能力等都不如过去的孩子。有媒体对此进行了深入的调查，最终得出如下的结论：高科技时代的生活让一切都变得更为轻松了，而轻松的生活减少了孩子们动手动脑的机会。而充斥在孩子生活中的动画与电子游戏，也因为声、光、色彩、图像的越来越完美，而挤占了孩子们想象的空间。

在这种情况下，就需要我们父母善用一些启发孩子想象力的方法，有意识的引导孩子大胆想象打开思路，为思维的飞跃提供强劲的推动力。

（1）讲故事、猜谜语

讲故事、猜谜语是激发孩子想象力的重要途径，因此，大人要充分利用这种简单但有效的方式激发出孩子瑰丽的想象力。在美丽的童话和神话中，孩子的想象力得到了最大程度的发挥，那晶莹剔透的水晶宫、那闪闪发光的飞行靴、那日行万里的小红马，还有那力大无比的泰山……都徜徉在孩子无边的梦境中，此时，孩子的想象真的就好像是插上了飞翔的翅膀。

（2）涂鸦

很多时候，孩子的“涂鸦艺术”会让大人十分恼火，但明智的父母一定不会对孩子的涂鸦抱着反对、斥责的态度，而是积极引导。因为涂鸦可以让孩子的想象力得到较大程度的展现和发挥，而不受很多客观条件的限制，对孩子的潜在智力也是一种积极开发，可以提高孩子的艺术修养，为孩子的成长与成才提供最大的可能。

鼓励、支持孩子涂鸦，积极给孩子创造涂鸦的机会与平台，促使涂鸦成为一种行为习惯，才是聪明父母的选择。同时，也不要轻易对孩子画出的东西进行批评和指正，即使孩子有时候画的东西与现实有很大的出入，也不纠正，而是让孩子自己去认识，自己去感悟。

为避免孩子到处去画，可给孩子准备相应的工具与空间，让孩子有工具和地方发挥自己的才能，表达自己的欲望，而不是到处去画。

墙脏了可以重新刷，桌布、衣服脏了可以洗，洗不掉可以换成新的，这些代价跟孩子的发展相比是微乎其微的，甚至是可以忽略掉的。当孩子养成了良好的可受自己控制的“涂鸦”习惯，能够随意画自己想画的，那么孩子的想象力就会借此得到突飞猛进的发展。

（3）想象力拓展游戏

游戏也是提高孩子想象力的一种有效方式，大人可以经常和孩子一起做想象力拓展的游戏，方式很灵活，可以由生活中一件具体的物品来展开，如，可以问孩子喝完饮料的瓶子还能做什么用？可以当棍子用吗？可以养金鱼吗？通过透明的瓶身看东西是变大了，还是变小了？通过这些提问，孩子的想象力可以得到极好的发挥利用。

在大人这些有意识的保护和引导下，孩子的想象力很好地被激发出来，如果每一次的交流沟通都能让孩子的想象力得到很好的发挥，那么习惯成自然，孩子最终会不知不觉地将想象力“赋予”在所从事的事情上，从而让事情有了“生机”。

总之，培养和提高孩子无穷的想象力，就是给孩子插上飞翔的翅膀，能挖掘孩子永不枯竭的潜能资源，给孩子美好的未来打下良好的基础，因此，有效地保护和提高孩子的想象力，就是送给孩子一生最珍贵的礼物。

激发孩子多种思维能力

思维能力是整个智慧的核心，也是智商最重要的表现，参与、支配着一切智力活动。好的思维方法能更好地触发灵感，获得创造性的思想。

可以从以下几方面对孩子进行多种思维能力的训练：

1. 类比思维：帮孩子找到未知的捷径

类比思维是根据两个目标的某些属性相同或相似，进而推出它们的其他属性也可能相同或相似的思维形式，说得通俗一些就是由此及彼。而创新从来不是凭空想象，而是将 A 事物类比作 B 事物，或将 A 事物的原理类比运用到 B 事物。正如史蒂夫·乔布斯描述苹果公司创造的电脑是“思想的自行车”——一种能够使人们的思想达到想象中任何角落的工具，并且功能多样。他用类比介绍了这一引领信息时代的创新发明。可以说，类比思维训练是增强孩子创新能力最根本的方法。

举例来说，给孩子看了杨树、柳树、松树之后，再看柏树，孩子就能归纳得出：这也是树。但杨树有杨树的特点，松树有松树的特点，这棵树又有新特点，因此也应有一个不同的名称。又如：高处的东西如果没有支撑就会掉下来，如苹果会从树上掉下来。那么，如果告诉孩子地球是球状的，并在不停地转，孩子就可能问道：转到下面时，咱们为什么不掉下去呢？牛顿就是因为有此疑问，后来才提出了万有引力定律，成为举世闻名的科学家。因此，设法创设类似情境，就可以训练孩子的类比推理能力。

2. 发散思维：解放孩子的头脑

一位心理学家曾给一个班级的学生出了“1=？”的问题。面对这个问题，大多数同学觉得无从回答，1 还能等于什么？ 1 就等于 1，难道还能等于 2？而一些具有发散思维能力的同学则认为这个问题可以有无数个答案，比如：1=2–1；1=1+0；1=8÷8；1=9–8……

可见，发散思维可以让孩子的思维变得更开阔，处理问题的能力更强。对孩子进行发散思维能力训练，就可以让孩子的大脑更灵活，处理问题能力更强，所以，一定要重视起对孩子发散思维能力的训练。

通过有效的训练，逐步让孩子养成遇事多方向、多角度思考的习惯，会大大促进孩子的思维能力、解决问题的能力，从而让孩子变得更聪明起来。

方法就是利用一些开放性的问题来启发孩子，比如就“回形针有什么用？”的问题，让孩子提出一些别人没想到的用途。供参考的答案有：

回形针可以用来“别住纸张”；

可以让回形针利用衬衣口袋，别住“服务员”或“小队长”等标志；

可以用它代替发夹，夹住散乱的头发；

可以代替领带夹子；

可以把很多回形针联结起来，成为链条；

可以把回形针的一头拉开，代替牙签；

可以用它剔除地板、桌子缓和指甲缝的脏东西等等；

可以把整个回形拉直，当作鞋带使用——把它穿过鞋带孔扭结起来；

可以把回形针缝在窗帘布上端，代替窗帘圈；

可以将它别在纸模型飞机的头部，做重锤用；

将许多回形针串联起来，还能做项链；

……

发散性思维的要求就是一题多解。让孩子从思维定势中走出来，用发散思维的方式思考，孩子的思路就会更开阔，他的创造力也就更强。

3. 逆向思维：以“出奇”而“制胜”

逆向思维指的是与正向思维相反的思维方式，也叫“反向思维”，即“倒过来想”。逆向思维的好处是往往能够在正向思维无法解决问题时，找到解决问题的办法来，让人有眼前一亮的感觉，因此，如果具备良好的逆向思维的能力，往往意味着解决问题的能力很强。

对孩子进行逆向思维训练，可分不同年龄段针对训练。

（1）3 ~ 4 岁的孩子

对 3 ~ 4 岁的孩子来说，需要先让他们萌发思考的兴趣。主要是通过给孩子创设一个轻松、有趣、愉快的游戏环境，并进而动手操作，在动脑、动手中，促进孩子逆向思维能力的发展。比如让孩子根据“口令”做相反的动作。

（2）4 ~ 5 岁的孩子

4 ~ 5 岁是孩子思维活动发展的关键阶段，这一时期，孩子的思维已经进入具体形象阶段。对这个阶段的孩子进行逆向思维训练，主要是利用语言，帮助孩子学会从正反两个方面思考问题，并做出判断。如，让孩子将“你吃了一块糖”的句子转化为“一块糖被你吃了”，使孩子明白可以从不同角度入手思考问题。另外，还可以进行“找反义词”“方位转移”等练习。

（3）5 岁以上的孩子

5 岁以上的孩子抽象逻辑思维已经得到了迅速发展，对这一阶段的孩子进行逆向思维训练，主要是让孩子从相反的视角去看固有的观点和惯常的看法，在活动中引导孩子发展自己的逆向思维。比如镜像训练：让孩子看镜子，大人拿着时钟站在孩子的身后拨动时针和分针，然后让孩子看着镜子里的时钟的影像说出几点几分。

4. 抽象思维：让孩子的思维走向成熟

创新思维实际上是各种思维形式的综合体。由于孩子的思维是由具体向抽象发展的，因此，对孩子抽象思维能力进行训练，既符合孩子思维的发展趋势，又能推动创新思维的发展，何乐而不为？

从训练方法上来说具体可分为分类法、游戏法。

（1）分类法

用于探索事物抽象概念。比如将不同的水果放在一起，然后要求孩子说出它们的共同特点，如都是水果。将西红柿、胡萝卜、红辣椒放在一起；将白萝卜、面粉、茭白放在一起。从颜色上看，前者的颜色都是红色的，后者的颜色都是白色的。这样归类会让孩子从中“提取”有关颜色的抽象概念。

（2）游戏法

用于发展孩子思维的复杂性。游戏法可采用多种形式，如：玩具类游戏（搭积木、拼图、下棋、玩魔方）可以增强孩子对空间、规则的认识，提高其抽象思维能力；故事类游戏，让孩子设计故事情节，可有效提高孩子抽象逻辑推理能力。还可以和孩子讨论分析故事情节，利于培养和提高孩子的思辨能力。

总之，通过有效的训练，逐步让孩子养成遇事多方向、多角度思考的习惯，就会大大促进孩子的思维能力、解决问题的能力，孩子也会变得更有创造力起来。

教子有方：各种玩具的“益智”作用

玩拼装模型——提高儿童考察和领会事物的能力。

玩纸牌游戏——有助于儿童集中注意力。

玩各种积木（积塑）——使儿童得到对颜色、形状、大小、重量的初步感觉；而且在不断自由组合新的形状时儿童的创造力和适应性也得到了发挥。

玩充气棒和拳击袋——可以让儿童活动，也可以让孩子在发怒或有挫折时发泄一下感情。

玩拼图玩具——锻炼儿童分类、选择、认识不同的形状及相互之间的关系的能力。

看书——可以让孩子增加知识，提高想象力和理解力。

玩蜡笔和彩色笔——开发、培养孩子的艺术兴趣和才能。

玩内容积极的电脑游戏——提高儿童的竞争精神。

玩娃娃和长毛绒玩具——可以让孩子练习交谈，锻炼照顾别人的能力。

让孩子玩出创造力的六个游戏

游戏对于孩子潜能的激发起着至关重要的作用，想要激发孩子的创造力，父母们也不妨试试通过亲子游戏的方式让孩子进入有创意的世界。

游戏一：故事接龙

选一、两本孩子经常阅读的绘本，试着引导孩子进行故事接龙的游戏。例如爸妈可以先起个头说：从前有一个小红帽，他住在……，然后请孩子接续故事的内容。不论是自创的故事或耳熟能详的童话，在故事接龙的游戏中，你一定会惊讶于孩子的想象力及创造力。

游戏二：旧物改造

游戏离不开玩具，给孩子的玩具并不在于它价格是否昂贵，重要的是看它能否满足孩子想象力发展的需要。所以有时利用废旧物品和孩子一块制作玩具，往往收到意想不到的好效果，制作过程就是激发孩子想象的绝佳时机。

游戏三：搭房子

孩子在用积木搭房子之前或过程中，心里一定是有一个形象的，这样，孩子的形象思维能力就得到了发展。并且会逐渐对前后、左右、上下、中间、旁边等空间有了认识，也形成了大小、高矮、长短、轻重、厚薄等观念。如果再加上父母可以经常引导孩子充分发挥想象力的话，例如利用模型、图画去加深孩子头脑中的形象，这不仅能够帮助他顺利地玩游戏，还能开发他的思维想象能力。

游戏四：折纸

折纸是一种很富有创造性的活动，小一些的孩子你可以教他可折钱包、房子、船、飞机，再大一些可学折青蛙、鸭子、金鱼、手枪、裤子、书包等。当你教会孩子对边折、对角折、四角向中心折、连续几次向中心折、双正方形折、双三角形折等时，他或许可以在此基础上给你折出各种新鲜玩意儿。

游戏五：捏泥巴

玩泥巴是孩子的天性，当孩子们通过自由地玩陶土、橡皮泥，随意地揉、压、卷、捏，既获得了快乐，又锻炼了创造力。

孩子刚开始学时，可先做些简单的造型，如面条、筷子、皮球、饼干等，等孩子再大些，可教他们学塑胡萝卜、麻花、饺子、茶碗、糖葫芦、小兔、小鸭、苹果、柿子、飞机、坦克等复杂的造型。

在和孩子一起游戏的过程中，有一点需要特别注意：不少父母喜欢在边上“适时指导”：“你这里做得不对”“这个做得不像”……这其实极大地毁灭了孩子幻想的空间。玩泥不同于书法、写字：给它样式照本临帖，通过上百次，甚至更多次的重复接近完美的范字。孩子玩泥的过程，是一次次的演变细化，不断地求异、求新，以此来表达自己的情感，可以说孩子玩泥是无需“怎样入门”的，更无需“入门”后的循规蹈矩。你给他自由和鼓励，就已经足够了。

游戏六：拼贴画

从书本上或者杂志上找一张图片，然后把大的图片撕成大块儿分配下去，一人一块儿。每个人把拿到的图片粘到一张纸上，然后用彩色蜡笔或荧光笔把图片缺少的地方涂好。等每个人都画完的时候，每个人创造性的图画也许就会五花八门。

或者干脆找一些日常生活中零散的东西，如细绳、毛线、小塑料片、彩纸片、烟盒纸、包装纸、羽毛、树叶、贝壳等粘在纸上，任孩子按自己的想象去创造，怎么摆都行，最后构成一幅图画。这些都会让孩子觉得非常有意思，而且你和孩子的创造力也都会有所提高。

当然，除上述6种游戏外，尚有很多游戏都可以在平时用以激发孩子的创造力，例如：如果你们是生活在冬季寒冷的北方地区，雪天还可玩堆雪人，让孩子用雪堆塑成各种形象，如雪人、雪山、雪屋、雪船等。雪塑的形象既可以是模拟的现实事物，也可以是想象的未来事物或童话世界中的人和物。

事实上，当孩子开始懂得玩耍的时候，他的创造力就已经开始发展了。陪孩子一起游戏，就是给他最好的教育。

教子有方：25个可以让你关掉电视的好主意

如何在闲暇的下午，控制住你去开电视的手指头？美国最有创意的卡通画家之一拉森给出了25个好主意：

1.玩挠痒痒游戏，跟宝宝角斗，笑得满床打滚。

2.吹掉棋盘上的灰尘，玩一盘飞行棋或强手棋。

3.让宝宝用所有的沙发靠垫搭个堡垒，爬来爬去，和你玩假象的射击战斗。

4.带宝宝去图书馆，为他借些书，读书给他听，直到你的嗓子崩溃。

5.教孩子一些你的拿手本领，比如编织、折纸、打领带、玩某种器械，把时间花在学技能上。

6. 一起上个学习班。想想看，有没有你和孩子都想学的东西呢？

7. 吃些点心，然后去溜冰。

8. 去参观博物馆或城市历史展览馆。

9. 听有声读物，童谣、说故事、相声，种类很多。

10. 用钢笔和纸写封家信。如果宝宝太小还不会写字，可以让他们在信上画画，涂鸦，然后让他口述你来代写。爷爷奶奶、姥姥姥爷和那些远方的朋友会为此深深感动的。

11. 准备一些漂亮有趣的装扮，让孩子打扮起来玩游戏，起初也许会比较麻烦，但很快你就会惊异地发现，孩子很快就能跟上节奏，并有更新奇地想法。

12. 在客厅开家庭舞会。

13. 教孩子所有你知道的卡片游戏，如果你不记得了，也可以自己发明。

14. 烤东西吃，甚至年纪很小的宝宝也能参与制作简单糕点。

15. 照着食谱，一起烹调晚餐。

16. 结交朋友。跟亲戚、邻居、朋友、同事，或宝宝幼儿园结交的小朋友，组织家庭间的聚会。

17. 宝宝一起种植植物或饲养小动物。如果你不会，有大量的书教你。

18. 为别人做点事。在一个原来用来看电视剧的下午，带着孩子给福利院的孩子送去旧玩具，或到社团为需要帮助的人服务。

19. 解决家里的小麻烦，疏通下水管道、缝补撕开的裤子。关掉电视让你有时间去做这些平时被忽视的普通事情。可以让孩子给你递工具、或整理他自己的东西。

20. 放松。闲坐看天，和孩子一起体会被电视占据的时候没有的遐思。

21. 看演出——戏剧、舞蹈、音乐会等，引导孩子流露激情，那是和面对荧光屏，看录影带时不同的。

22. 出去玩，即使外面天寒地冻。跑跑跳跳、堆雪人、拉雪橇，如果雪足够厚的话。

23. 照相，一起做剪贴或布置相册。孩子喜欢看他们更小时期的照片，还可以让孩子和你一起美化相册，使它成为家庭的珍藏。

24. 拉着宝宝的手在夜色里散步，看看社区的夜景，看看星星。

25. 欢笑、交谈，大人和孩子彼此分享。看电视意味着未曾真正面对家人，而一旦成员之间互相影响得更多，就越会发现彼此的可爱、出色。

第五章 提升自控力

——让孩子做自己的主人

“儿童需要管教和指导，这是真的，但是如果他们无时无刻和处处事事都在管教和指导之下，是不大可能学会自制和自我指导的。”

——林格伦

自控力，让孩子管好自己的“秘密武器”

我们都知道，如果一辆汽车光有发动机而没有方向盘和刹车的调节，汽车就会失去控制，不能避开路上的各种障碍，就有撞车的危险。同理，一个人如果缺乏自控力，就等于失去了方向盘和刹车，必然会“越轨”或“出格”，甚至“撞车”“翻车”。

正确理解自控力

自控力，顾名思义是指一个人自我控制的能力，是一个人为了完成某项任务而自觉地抑制那些不符合既定目标的愿望、动机、行为和情绪的能力。它是一种具有高度的忍耐力和善于克己的表现，如抑制消极情绪，防止冲动，以及忍受肉体上的痛楚等。因此，这会让许多人认为自控力是那些意志坚定的人有，而你可能有也可能没有的东西。

但从科学的角度来说，并不是这样的。自控力是一种不断进化的能力，是每个人都有的本能。

斯坦福大学的神经生物学家通过研究表明，对“自我抑制力”起到特别重要作用的是前额区的一部分——“眼窝前额皮质”。只要你大脑没受过伤，前额皮质还在，你就有自控力。

在此基础上，我们又可以得出一个结论——自控力就像肌肉一样有极限，它不能无限制的被使用。人若不想丧失自控力，那就需要学会适当宣泄。

日常生活中我们常看到有父母这样教育自己的孩子：孩子受了委屈，伤心地痛哭，父母说："一点小事就哭，不许哭！"孩子受到了老师表扬，得意地对父母笑，父母又说："取得一点成绩就又开始骄傲上了，多想想你的缺点。"

这种情绪的压抑并不是自控。真正的自控是建立在合理宣泄的基础上的，这样我们才能保证有自控力来做最好的自己。

此外，还有一些人将自控理解为失去自由，这显然是对"自由"与"自控"的意义还没有深刻的领会。

事实上，自由，并非来自"做自己高兴做的事"，或者采取一种不顾一切的态度。自我控制，看似要以失去自由为代价，殊不知，它恰恰是为了保证自由最大限度内的实现。因为如果人不能约束自己，将很容易受控于情绪，并无法有效抵制各种诱惑，从而迷失方向和目标。例如有人吸烟成瘾、上网成瘾等，无一不是缺乏自我控制的表现，而这样的人最终的结局也只能是被人约束。

那么，自控力会对人的生活产生哪些方面的影响呢？

没有自控力，再聪明也白搭

针对自控力对人的影响这一命题，心理学家们进行了一项规模宏大的调查研究活动。

这项研究是在新西兰进行的，新西兰当地的1000名儿童成了受试者。实验者从这1000名儿童出生时开始，对他们的自制力及其生活质量进行追踪调查，这项调查一直延续到被试满32岁为止。为确保数据的可靠性，实验者除了收集受试者的资料，还广泛征取了孩子的父母、教师的观察和报告，以此来评定这些受试者的自制力水平。与此同时，实验者还注意考察他们在其他方面的表现，比如说，健康状况、经济状况、家庭状况等。

那么，32年之后发生了什么？

自制力差的这些孩子，长大后健康状况较差，经济状况较差，工资相对较低，家庭生活不幸福，进监狱的可能性也更大。比如说：他们患肥胖、传染性病症、牙科疾病等的概率更高。这是因为自制力差的人往往不愿意健康饮食，也很少坚持每天刷牙，注意口腔清洁。此外，这部分人中还有不少存在着抽烟、酗酒、吸毒等问题；经济收入也较低，他们拥有的存款较少，拥有的房产和养老金的比率也相对较低；在家庭状况方面也往往不尽如人意，他们很难维持一段长期稳定的婚姻关系，有不少成了单亲父母；更严重的是，他们的犯罪率也较高，数据显示自制力最差的一组和自制力最强的那组，犯罪率分别为40%和12%。

从这个角度来看，早期教育的一个重要目标就是让孩子发展起自律和自控能力。当孩子发展起自控能力以后，他们就能控制冲动，学会等待并能延期行为，忍受挫折，延迟满足，开始尝试制订计划并执行计划……虽然我们看不见、摸不着，但自控力时时处处都在影响孩子的成长和发展。

不要错过孩子自控力培养的关键期

自我控制，在孩子的成长过程中，既是必备能力，也是一生用不完的财富。而我们要做的，是让他们的自控力“更强”，尤其是在孩子年幼的时候。

从大脑的发育阶段来看，自控力的中枢——“眼窝前额皮质”的发育是在 3 岁前，特别是出生之前到出生后 2 岁半左右是发育最快的时期。过了 3 岁以后，“眼窝前额皮质”几乎就不再发育。这就要求我们从孩子出生开始，就帮助他完成自控力的基本训练。

1. 让孩子学会放弃

放弃训练的最佳时期是 1 岁前，因为这个时期，孩子的记忆力还不是十分发达，需求没有得到满足的情况不会延续到记忆中去，心灵也不会受到伤害。对孩子进行放弃训练时，可以从喂奶开始，也可以利用绘本，学会对孩子说“不”，还可以利用身体语言让孩子学会自动停止。

2. 让孩子学会忍耐

如果说 1 岁之前的放弃训练为孩子播下了自控力的种子，那么在接下来的时间里，我们就需要让孩子慢慢学会忍耐，逐渐让自控力这棵种子在孩子的心中生根发芽。相比之前的温柔，1岁之后，我们对孩子说“不”的方式就需要更多的坚定。

当然，3岁之后仍然需要我们结合孩子的生理和心理发展规律、情绪和社会性发展规律，通过多方面的训练来促进孩子的自我控制能力发展，帮助孩子全面发展自我管理能力。

教子有方：“眼窝前额皮质”对自控力到底有多重要？

从生理学上来说，如果“眼窝前额皮质”发达，“大脑新皮质”的理性命令就会传达到“大脑边缘系”，抑制愤怒、仇恨、嫉妒等情绪的爆发，控制自己不要有直接的暴力行动。更重要的是“大脑新皮质”和“大脑边缘系”之间，没有直接发挥抑制作用的突触（神经接合），所有的控制频道都是只经由这个“眼窝前额皮质”的频道（神经接合）。这也就是说，如果“眼窝前额皮质”发育不够成熟，或者损坏严重的话，即使“大脑新皮质”的智慧和理性再完美，也不能控制“大脑边缘系”的“暴走”（感情的爆发）。

从事实上来说也确实如此。最有名的前额皮质损伤案例莫过于菲尼亚斯·盖奇的故事。他是一位铁路领班工人，没受伤之前，被身边人称为拥有钢铁般的意志力。但因为突发事故，刚好损伤了他的前额皮质，结果他完全丧失了自控，经常粗鲁地侮辱别人、极少顺从他人。

可见，作为“自我抑制力（自制力）的中枢”——“眼窝前额皮质”之说当之无愧。

“软糖实验”——测试你家孩子的自控力

自控力的重要性已毋庸置疑。然而，现实情况却不容乐观，一项权威调查显示：与以前的几代人相比，现在的孩子更加冲动和不听话，更加容易发脾气和付诸暴力，更加焦虑和胆小。

那么，你了解你的孩子的自控能力吗？要知道，如果不了解孩子，对孩子的教育就无从下手。

给他做个“软糖实验”

20 世纪 60 年代，斯坦福大学心理学研究专家沃尔特·米歇尔曾做过一个著名的心理学实验——糖果实验。

他把一些四岁左右的孩子带到一间陈设简陋的房子，然后给这些孩子每人一颗好吃的软糖，告诉他们：“我有事出去一会儿，你们可以马上吃掉软糖，但谁能坚持到我回来再吃将奖励一颗软糖，也就是说总共可以吃到两颗软糖。”结果有的孩子迫不及待地把糖吃了；有的孩子等了一会儿，但没能坚持住，也吃了那颗糖；还有些孩子为了抵制诱惑、得到第二颗糖，或咬住牙齿，或闭目低头，或喃喃自语，或玩游戏甚至去睡觉，坚持到最后。20分钟后，米歇尔回来了，坚持到最后的孩子又得到了一块软糖。

这次实验过后，心理学家继续追踪研究参加这个实验的孩子们，一直到他们高中毕业。长达14年的追踪研究结果显示：那些有耐心等待吃两块软糖的孩子，事业上更容易获得成功。

我们也可以在家偷偷给自己的孩子做做这个小实验，在一定程度上，它确实可以检验出孩子的自控力、“延迟满足”的能力。

在“诱惑道具”的选择上，由于现在的孩子家庭条件都比较好，软糖对于他们的吸引力或许已经不像以前那么大了，那么你可以在包装上做做文章，例如挑选色彩鲜艳、带有图案的各种水果口味的棒棒糖，当然，如果换成巧克力、冰淇淋，可能结果就更说明问题了。

其实，你也可以把这个实验作为锻炼孩子的自制力的一种方式，例如在实验时间上，可以一直继续下去，20分钟，30分钟，甚至更长时间。随着时间的不断延长，孩子的自控力也会增强，他们或许就会拿到人生中更大更甜的“软糖”了。

最后，一定要注意，不管结果如何，都不能随便给孩子贴上“没有自控力”“不听话”“坏孩子”等标签，更不能严厉的苛责、打骂。因为造成同一个结果的诱因和目标，不一定是相同的，而且，先天因素以及后天的家庭环境、教育，也都会影响到孩子的发展。

自控能力小测试

下面这个小测试也可以帮助你对孩子的自控力有一个大致的判断。

评分标准：

一贯 =5 分，经常 =4 分，有时 =3 分，偶尔 =2 分，从不 =1 分

测试题目：

为了评估你的孩子在自控能力方面的情况，在每句句子后面的括号内写上你认为最能代表孩子目前水平的数字，然后加上这些数字得出总分。

1. 很少打断或随口说出师长提出的问题或答案。（ ）

2. 等待轮到自己，极少插嘴或打断别人。（ ）

3. 即使没有大人在，也管住自己的冲动和欲望。（ ）

4. 激动、沮丧或生气时，能尽快地冷静下来。（ ）

5. 极少发脾气、火冒三丈、或随时失控。（ ）

6. 能抑制进攻性行为，如打人、踢人、打架、推搡。（ ）

7. 极少不经思考而做出而鲁莽的事。（ ）

8. 有耐心，并能抑制自己思想、行为上的冲动。（ ）

9. 有自觉性，很少需要师长的提醒、哄劝或指责才会循规蹈矩。（ ）

10. 有发泄不良情绪的能力，能轻易地从令人烦恼或沮丧的环境中摆脱出来。（ ）

测试结果：

总分在 40 ~ 50 之间：你的孩子在自控能力的这个方面是挺不错的。

总分在 30 ~ 40 之间：如果孩子的自控能力可以进一步提高，他将受益终身。

总分在 20 ~ 30 之间：孩子在自控能力方面有潜在的问题。可能身为家长的你，要反省与调整一下你的教育方式了。

总分在 10 ~ 20 之间：孩子存在自控力很差的危险，应该考虑需要提高孩子的自控力了。

当然，仅仅凭一个实验或一个测试就判断孩子未来的发展，是过于武断的。根据孩子不同的表现，对症下药去引导和锻炼他们，这才是最重要的。

教子有方：家长一定要先做表率

有这样一个心理学实验，给幼儿看有关“自控力”的录像（比如等妈妈来了再吃饼干、公共场所不乱跑、参观画展时不乱摸等），结果这部分幼儿比没看录像的幼儿自控力强。可见，自控需要榜样。

生活中孩子最容易模仿的对象是父母，那么，父母自控力的表现也就会相应的影响孩子自控力的发展。

一个整天沉溺刷屏、游戏、赌博、抽烟、喝酒的人，其本身就是对人性的放纵，而一个骂不离口、拳不离手的人，本质上又是恶行的一种失控。这样再去要求孩子约束和控制自己的言行，岂不是南辕北辙?

因此，想要让孩子有控制自己的能力，我们必须先学会控制自己。如果父母能在孩子面前表现出集中精力、令行禁止、说到做到、坚持目标、始终不渝等品行，孩子必定也会受到好的影响。

孩子的自控力就是这样被摧毁的

家有自控力较差的孩子，或许让许多家长陷入了焦虑之中。其实，很多时候，孩子由于年龄的特性，神经系统发育不成熟，对于外界的刺激容易产生兴奋、难以抑制的情绪，抵制诱惑的能力差，这很正常。同时，孩子认识能力有限，对是非分辨得不是特别清楚，所以出现一些冲动、控制能力差的表现也是无可厚非的。实际上，随着孩子年龄的增长，他们的自我控制能力是会逐渐增强的。

不过，如果孩子的自控力是被我们做父母的有意或无意摧毁的话，那就另当别论了。那么，就快让我们先来检讨一下自己的行为中有没有不妥之处吧，有则改之无则加勉。

把孩子当宠物养

在我们周围，甚至就是我们自己，经常会看到，一些父母能力非凡，事业成功，社会地位很高，在孩子的教育上也很用心，可他们的孩子却懦弱、笨拙、自卑、消沉，没成为出色父母的“翻版”，却几乎是父母形象的“反面”教材。

你有没有想过这是为什么呢？

原因其实就出在我们家长自己身上——父母的过度保护是对孩子创造力、自控力最无情的扼杀。

为了让孩子有个美好的未来，不输在起跑线上，我们“掌控”孩子的一切：不仅对孩子的饮食起居照顾得无微不至，就连孩子的课余时间，也安排得满满的，音乐、绘画、舞蹈……孩子就像宠物一样，后面永远有一根无形的绳子攥在家长的手里。可是回过头，我们又抱怨自己的孩子自控力太差，试问连一点儿自主的空间都没有，孩子又如何有培养自控力的机会呢？

想要孩子自控力强，首先就得让他们告别依赖，学会独立。

正确的做法是大人要适时放手，并努力创造让孩子动手解决问题的机会，鼓励和支持孩子大胆尝试，必要时给予理论引导和具体指导。

很小的时候，孩子确实需要大人的照顾，但是这样的照顾应该仅限于一些基本的生活需要，比如吃饭、玩耍、休息、睡觉等，随着逐渐长大，孩子的自我意识越来越强烈，这时，大人就要有意识地减少这样的帮忙照顾。

当孩子有强烈的自我安排的意愿时，大人不妨只做参与者，不做决策者，看着孩子安排，如果他的安排比较合适，那就顺从他的意愿，然后逐渐将我们的手放开，让他占据他自己生活的主动权，当好自己生活的主人。

对孩子完全放任自流

与完全操控孩子相反，还有一部分家长则是注重孩子的自由发展，但却走向了另一个极端，那就是对于孩子不守规则的行为放任自流，这样，孩子也很难形成良好的控制力。

要知道，社会生活中各种有序而稳固的系统都是由规矩和法律组成的，一个人要在这些系统中生存，必须认同并遵守相应的规则，才能与系统产生和谐统一，才能得到群体的承认和尊重，才能真正树立在群体中的地位和自尊感，否则就容易受到系统的排斥而变得不快乐，感受不到自我在群体中的价值感和幸福感。如一个从小不受约束的人，在群众中更容易受到挫折，他可能在幼儿园因抢玩具受到同伴攻击、在小学因上课讲话屡受批评、在工作中因无视制度得不到好的评价……而这些，往往是没有规则意识所造成的。这种人明明是自己不遵守规则而造成对自己和他人的伤害，却容易觉得世界对他不公平。可想而知，这样的人会感受到幸福吗？

可见，孩子的自控力离不开父母日常生活的引导与教育。在孩子年幼的时候，可以在生活习惯方面对孩子的行为提出要求，有意培养孩子守规矩的行为习惯。比如，要求孩子准时起床、准时就寝，按时饮食，不偏食、挑食等。随着孩子年龄的增长，对孩子的自控力培养就要着重于社会道德规范和社会责任心等方面了，比如，要求孩子在集体中要遵守集体规则和纪律，不可随心所欲地侵犯别人的利益事等等。

总之，只要家长在教育孩子的过程中长期坚持一贯的要求和原则，不迁就、不随意改变，渐渐地孩子便会学会控制、约束自己。

只“延迟”不“满足”

沃尔特·米歇尔的“软糖”实验，让很多父母都知道了“延迟满足”这个词，但是有一部分人对延迟满足的含义或者如何实施却产生了错误的理解——他们以为延迟满足是一种教育方法，也就是“延迟满足孩子的需求”，他们希望通过这种教育方法，能够培养孩子的自控力。

结果呢？南辕北辙。

实际上，“延迟满足”这件事跟孩子的信任感有很大关系。在软糖的试验中，那些马上吃掉糖果的孩子中有相当一部分当时觉得研究者不会给他们第二颗糖了，所以才选择了马上吃掉而不是等待。

而我们都知道，孩子对他人的信任感，来源于家庭。“妈妈没带钱，下次给你买。”“爸爸下次再带你去海洋馆。”……当你选择用这些玩笑话来搪塞孩子时，却不知道，孩子是不会开玩笑的——他们觉得到了“下次”的时候，妈妈就真的会给自己买，而爸爸也就真得会带自己去海洋馆……所以，他现在不闹了，变得乖乖的，因为他觉得你给他许诺，就是真的。那么，当他一次次“上当”之后，就会渐渐地不再信任你，也不会再信任别人——“现在有软糖就赶紧吃，要不然这些大人跑路了，我就一个都吃不上了。”——即使长大之后，他也会本能地排斥那些需要漫长等待，但会在未来收获巨大回报的事，而只专注于眼前的蝇头小利。

因为在他们心里，拿在手里、吃到嘴里的才是真的，而那些理想、信念、抱负，都是用来骗小孩子的谎话。

因此，如果你想逐渐锻炼孩子的“延迟满足能力”，那么在“延迟”之后，一定不要忘了满足孩子。（事实上，延迟满足，英语是“deferred gratification”或者“delayed gratification”，字面上直接翻译就是“推迟的满足感”。比如，我想要一样东西，不过我等了很久才得到，而我得到东西的时候并不是抱怨“怎么现在才得到”，而是依然有满足感。）这样，孩子才能知道自己的等待是值得的，从而愿意为了目标而付出更多的努力，最后走向真正的成功与幸福。

教子有方：用说理代替强迫

在对孩子的自控力进行引导与教育时，一定要采取合适的态度。尤其是四岁以上的孩子，已经开始懂得一些浅显的道理了，如果采取强硬的态度，就会适得其反，激起孩子的反抗心理。

其实我们完全可以采取说理的方式，让孩子明白自己的行为造成什么样的后果，从而知道什么能做，什么不能做。如到了睡觉时间，孩子执意要吃自己喜欢的糖果，不给就不睡觉。你可以告诉孩子，如果睡觉前吃了糖，就会有蛀牙，牙会很疼很疼，以后再也不能吃好吃的了。在诱惑面前，也许说理不能立刻显现效果，但是让孩子明白事理是非常重要的，因为真正的自控来自于孩子的理解。家长只要坚持下去，孩子会逐渐学会控制自己。

提升孩子自控力的三大策略

不得不承认，有些孩子生来的自我控制能力就比别人强，但尽管如此，无论儿童或者成年人，其实都是可以通过学习来加强他们的自我控制的。

用激励的手段增强孩子自控好习惯

20 世纪初，前苏联生物学家巴甫洛夫提出了生物界著名的“强化定律”。巴甫洛夫以狗做实验：先给狗发出铃声或灯光，紧接着给狗食物。这样多次结合后，即便没有给狗食物，狗也会在铃声或灯光中分泌唾液，也就是形成了一种“条件反射”。美国的心理学家斯金纳进一步发展了强化理论。他认为：人或动物为了达到某种目的，会采取一定的行为，当这种行为的后果对他有利时，这种行为就会在以后重复出现；如果不利，这种行为就会减弱或消失。

那么同理，对孩子自控行为多次重复的激励，也可使他的自控行为容易完成和保持，对孩子自控能力的形成具有重要意义。

其实，作为一种十分重要的教育方法——激励，许多为人父母者可能都曾用过此法，但效果却并不明显。主要是方式方法的问题。要知道，激励孩子也应结合孩子的心理特点并采取恰当的方式，否则就难以达到预期的教育目的。你应该在以下几个方面加以注意：

1. 激励时要营造氛围

激励孩子，首先应该营造出一种愉快和谐的氛围。有的家长总是在充满火药味的氛围中激励孩子，最终往往闹得双方“反目”，形成一种难堪的僵局。只有在平和的氛围中，孩子才能冷静地思考自身的问题，领悟父母的良苦用心，并会积极努力地按照父母的要求去做。

2. 激励目标要切合实际

由于孩子的进步大多是一个循序渐进的过程，因而父母的激励目标也应具有渐进性。有的家长喜欢以拔高目标的方式来激励孩子，结果非但起不到应有的激励作用，还很容易伤害孩子的自尊心和自信心。

为了让孩子明确奋斗进取的方向，家长最好是由低到高、由易到难地将激励目标逐步而具体的向孩子提出来。比如以表现很好的孩子的同班同学做“标杆”，让孩子不断地朝“标杆”靠拢，往往会收到很好的激励效果。自然，这个“标杆”应该是孩子在经过努力奋斗、顽强拼搏之后能够实现的目标。

3. 激励要及时、具体

研究表明，激励的时间和所激励的事情发生的时间间隔越小，效果就越大。也就是说父母对孩子的激励要及时。只要孩子有了自控的表现，父母就应立即赞扬，这样才能强化他们的内在驱动力，使他们保持这种状态。否则时过境迁，也不能起到强化行为的作用了。

同时，也不要总是一味地用美言来激励孩子，这很容易让孩子毫无“胃口”“油盐”不进。可以给孩子一些实实在在的奖励，并认真兑现。比如一位奶奶同时带了几个孩子，她每天中午对孩子说：“如果你们都安静地睡觉，等起床后我就给你们点心吃。”当孩子起床后，他们真的吃到了点心，所以，孩子们总是可以安静地睡午觉，从而养成习惯。

4. 激励语言要避免空洞

父母在激励孩子时，也要讲究一点语言的艺术。比如，孩子被同学们推选为班长，当他回家把这个喜讯告诉你时，如果你只是高兴地说：“我儿子真棒，真有出息！”这种表扬就毫无余味，对孩子并无多大激励作用。而如果你可以在后面再补上一句：“当了班长，就该用一个班长的标准来严格要求自己，在各方面都起到良好的带头作用。”这既蕴含着父母的信任和期望，又给孩子提出了更高的要求，对孩子产生更强的激励作用，促使孩子更加努力进取。

事实上，激励的手段不仅适用于自控习惯的养成，当身为父母的你懂得了运用刺激和行为的关系后，就等于掌握了一把培养孩子各种良好行为习惯的钥匙了。

利用适度的压力提升孩子的自控能力

据不完全统计，中国孩子承受的压力大概全世界第一，在中小学生中普遍存在厌学、考试焦虑和作弊以及青春期烦恼的问题。

那么，没有压力就对孩子的成长有利吗？

并非如此。一个孩子在没有压力的环境下更是难以成长的。因为没有足够的压力使他前进，没有相应的手段对孩子进行塑造，任性放纵，为所欲为的结果就是导致他人格偏离和违法犯罪，造成对自己、对他人、对社会的危害。

正确的做法应该是：在教育中，父母应该充分理解孩子所面临的压力，并适当调整教育的理念，为孩子营造一种适合其成长的、适度的压力。这样，他的自控能力及其他潜力才能得到发挥。

那么，如何才能正确把握“适度”的这个“度”呢？

1. 打好基础，从小抓起

通常，我们之所以认为严格的教育会给孩子带来很多痛苦与压力，主要还是因为教育方法的不合理。教育孩子，其实就像建城墙一样，一定要打好基础。例如，将一个平凡孩子培养成天才的老威特曾在他的教子心经上提到过这样一个故事：

威特6岁时，我带他去村里的牧师家去做客，吃早餐时，他弄洒了一点牛奶。按我家的规矩，撒了食物是要受罚的，只能吃面包和盐。尽管威特很爱喝牛奶，但他红着脸迟疑了一会儿，终于还是没有喝牛奶。

我假装没看见，牧师家的人却沉不住气了，再三要他喝牛奶，可儿子还是不肯喝：“我洒了牛奶，就不能喝了。”牧师家的人都说：“没关系，喝吧，一点关系也没有。”威特还是不喝，于是，牧师全家推测，威特一定因为怕我责备才不敢喝。

于是，我让威特出去一下，然后向牧师全家说明了原因："威特并不是因为怕我才不喝的，而是因为从心里认识到这是约束自己的纪律，所以才不喝。"但牧师一家还是不相信，我只好说："那么我离开餐厅，你们再劝他喝，不过他肯定还是不会喝。"说完，我就离开了。

他们把威特叫了进去，无论如何劝说，威特始终都不喝。牧师一家实在没有办法，只好把我叫进去，儿子激动地流着泪如实地向我报告了情况。我听完后对他说："威特，你对自己良心的惩罚已经够了。我们马上要出去散步，你把牛奶和点心吃了，不要辜负了大家的心意，过一会儿我们好出发。"儿子听我这么说，才高兴地把牛奶喝了。

不允许做的事，一开始就不允许，孩子也就不会觉得有什么痛苦了。老威特正是根据这个道理，从威特一岁时起，就严格要求，并贯彻始终。

而现实生活中，我们的孩子之所以会害怕严格的教育，就是因为我们没有贯彻这项教育的决心，有时允许孩子这样做，有时又不允许，这才会给孩子带来痛苦。如果对孩子的教育是从小抓起的，孩子已经习惯了这种教育方式，是并不会感到难以承受的。

2. 给压力的同时不忘支持

上文中威特的故事，其实对于我们来说，还有另外一层借鉴意义，那就是：让孩子有一次的压力感，但同时，你也要无时无刻地给他支持与帮助。例如故事最后老威特对他说："威特，你对自己良心的惩罚已经够了。我们马上要出去散步，你把牛奶和点心吃了，不要辜负了大家的心意，过一会儿我们好出发。"父亲就是在用这种方式让孩子感觉到：父亲是关心自己的，爱自己的，而不仅仅是强迫他去做自己不想做的事情。

其实，父母的支持，本身就对缓解压力有很大好处，为了不辜负你的支持，孩子也会全力以赴，怀着积极的心态，从而激发出强大的自信与冲劲，并引发出潜能。比如家长对孩子说："看了你的成绩单，虽然我无话可说，但我知道你本来是有能力得到更好的成绩的。我和你的几个老师都谈过，他们深信你一定可以得到更好的成绩。我也相信你办得到，我知道你一向尽力而为，这一点最重要。我爱你，很关心你的一切，你需要我帮助你吗？"就比这样的说辞——"除非你用功读书，否则你永远上不了大学，看你这样的成绩单，将来只能去扫大街！”好上不知几百倍。

最重要的一点是，当孩子承受压力时，家长要和孩子一起面对。要让孩子正确地认识失败和成功，认识到“失败”与“暂时挫折”的区别，帮助他分析失败的原因和过程，注意发现和肯定他在学习以外的优点和长处，同时辅以必要的严格要求，重新拟定计划，以求改正。适当的压力与一定的支持，这种合力既让孩子充满挑战的信心，又可以给他必要的指导，这样，孩子才更容易成长起来，也比较能掌握自己的情绪。

3. 根据孩子的年龄、个性施压

孩子是千差万别的，给孩子施压必须从孩子的实际出发，全面地了解和把握孩子的各个方面，从而审慎地选择有利的教育时机，运用恰当的方式，不能以成人的要求去要求孩子。

要知道，学前儿童与小学生不同，小学生与中学生不同，小学生中低、中、高年级的学生也都各有特点。因此你必须根据少年儿童不同年龄阶段的不同认识能力、不同认识水平和不同的实践经验循序渐进。对学前儿童的培养，主要是在行为上，着力于行为习惯的培养；对小学生则要注意在观念上打基础，并引导他们化知识为内在的信念和意志，懂得以观念统率行为。

在教育实践的过程中，还要不断细心观察，根据实际情况的发展变化，不断调节自己的教育手段，力求取得较好的效果。

此外，还有最重要的一点，就是你还得要有意识地进行心理素质方面的训练来增强孩子的抗压性。因为严格地说，自控能力就属于心理素质。在同一种环境和条件下，有些孩子就能很好地把握自己，有些孩子则不能，这显然与他的意志品质有无关系。

心理训练一开始主要是借助日常小事进行。比如帮孩子制订合理的规矩：何时起床，何时就餐，何时到校。在这种规范的约束下，孩子就会有意识克服自己的惰性，努力实现目标。然后，由这些日常小事进而扩大到社会道德，社会责任感的强化。

有一位母亲就是这样来训练孩子的。她每天接着孩子都要经过一个果园，面对果园里面举手可摘的葡萄，孩子想摘下一串，但母亲不为所动，并晓之利害。有一天，母亲故意隐蔽暗处，想考验一下孩子一个人时候的反应，可孩子经过此地，仍如从前一样不为所诱。

坚持这种抗诱惑的训练，孩子的道德水准，意志品质和自控能力都有了明显增强。

“吃”“睡”“炼”出自控力

心理学的一项研究表明，自控是所有大脑活动中消耗身体能量最多的一项活动。佛罗里达州立大学的心理学家罗伊·鲍迈斯特通过很多实验也发现，人们的自控力总会随着时间的推移而消失殆尽，自控力就像肌肉一样是有极限的，它被使用之后会渐渐疲惫。

从这个意义上来说，如果孩子在生理上能够不断得到各种各样的补给，让身体能量始终处于自控力的安全线之上，那么，他们的自控活动所需要的能量就将持续不断。

所以，为了确保孩子大脑进行自控活动所需要的生理能量，父母需要通过合理饮食让他们“吃”出自控力，通过充足睡眠让他们“睡”出自控力，通过锻炼身体让他们“炼”出自控力！

1. 给孩子做好营养搭配

孩子的饮食，安全是基础，合理营养是核心，两者双管齐下才能保证孩子身体健康地成长。具体来说：

（1）学会选材

从央视曝光的瘦肉精事件到上海染色馒头事件，从地沟油黑幕到问题血燕的惊天骗局，从进口奶粉频现虫子到某饮品投毒案，注胶虾，水泥核桃粉墨登场……这些食品安全事件一件件罗列下来，我们会惊心地发现身边的食品是如此不安全。只有主动去了解食品不安全的因素及真相，增加安全防范意识，学会辨别食物的危险，才能最大限度地避免伤害。

例如，在购买食品前了解一些有关的食品知识，在购买时能认清有关标识，学会辨别好坏食品，掌握一些饮食安全的知识，为孩子建立好的生活习惯和饮食习惯等等，就可以放心食用了，大可不必因噎废食。

另外，对于食物而言，更多食品是安全的，比如无公害食品、绿色食品、有机食品等，可以作为家长们以后的首选食物。

（2）平衡膳食

大部分的孩子都有偏食的习惯，有的儿童偏食肉类，有的却偏好蔬菜，有的儿童十分喜好零食，根本不好好吃正餐，这会使机体不能获取足够、合理的营养，久而久之就会影响孩子身体的健康发育。

而孩子营养搭配的合理性，直接取决于家长提供给孩子的饮食结构和习惯。科学、营养的饮食配餐，包括：主食与副食的平衡，酸碱平衡，荤与素的平衡，杂与精的平衡，饥与饱的平衡，食物冷与热的平衡，干与稀的平衡，食物寒、热、温、凉四性的平衡，动与静的平衡，情绪与食欲的平衡等等。如果孩子饮食能做到这样合理搭配，再加上你的正面引导，耐心教育，孩子挑食的坏习惯就会慢慢改变了，孩子的身体肯定会健康地发育生长。

另外，需要家长们特别注意的是，要改掉孩子挑食的毛病，还要注意自己的言行，不要经常告诉别人，尤其不要当着孩子的面说“我的孩子不爱吃什么什么”，否则反而会在无意间强化孩子的挑食。

当然，除了食用的安全性、营养性，食物还应该具备良好的口感。因此，在为孩子准备膳食时，还要兼顾食物色、香、味多样化，以增加孩子的食欲，引起孩子对食物的兴趣。例如，饮食不能太单调，要经常变换食物的品种和制作方法，即使孩子喜欢吃的食物，也不能天天吃，因为这种吃法会使孩子生厌；有的孩子喜欢吃青菜或肉、鱼，可以做成带青菜或肉、鱼的有馅的食品，既照顾了孩子的口味又不能让其随心所欲……总之，不仅要让孩子吃饱，还要让孩子吃得好才能使他从饮食中得到各种营养物质，从而保证他的正常生长发育。

此外，还有更重要的一点是切忌强迫孩子进食。有的孩子食欲不好，吃饭不香，不能采取强制手段，或吓唬威胁等，更不能动手打骂孩子。强制饮食对孩子的机体和个性都是一种压制，不利于儿童身心健康成长。

2. 培养孩子良好的睡眠习惯

我们发现，如果一个孩子每天的睡眠充足，那么他一整天都会显得精力旺盛、活泼好动；而睡眠不足的孩子则常常表现出烦躁不安、易激惹。而有一项研究也证明了这一点——睡眠短缺对大脑的影响和轻度醉酒是一样的，在醉酒的状态下，人们是毫无自控力的。因此，我们必须要培养起孩子良好的睡眠习惯，让他们形成早睡早起的生活规律。

对于晚上不睡，早上赖床的孩子，家长可以这么做：

（1）午睡时间不要过长

孩子睡午觉时间不宜过长，也不要在接近傍晚的时候才让孩子睡午觉。否则孩子很容易在晚上变成精力旺盛的小魔鬼，等他筋疲力尽入睡后，隔天早上势必又得花一番功夫才能把他叫起来。

（2）营造睡觉和起床气氛

只要到了睡觉时间，全家人最好都能暂停进行中的活动，帮助孩子酝酿睡前的气氛。有些家长在孩子就寝时间一到，就急着让孩子上床睡觉，自己的眼睛却还猛盯着电视，或还在忙东忙西。这会让孩子有“孤单”或“不公平”的感觉，而且孩子会有“为什么只有我要去睡觉”的疑问，加上孩子对成人的活动充满好奇心，当然也就降低了睡觉的意愿。

同样，叫孩子起床的时候，你自己也不可赖在床上。可以随手播放一些轻松的音乐，或者放一些孩子喜欢听的故事CD，让孩子在轻松的气氛中醒来，缓解被吵醒的不快。或者帮孩子买一个闹钟，让他挑选自己喜欢的铃声，那么孩子早上听到闹钟响起的声音时，也可以减少父母叫他的不悦感。

（3）和孩子聊聊，找出问题的症结

孩子睡眠质量不佳，也许是因为身体不适，或情绪上的不稳定而造成的。适时地找时间和孩子聊聊，就能找出问题的症结。

另外，很多孩子会做噩梦，最常见的原因就是“怕黑”。如果孩子因怕黑而不敢睡觉，甚至还因此做噩梦，不妨在孩子的房里添置一盏小台灯。或者在就寝前熄灯时，和孩子玩手影游戏，这个好玩的游戏也可以有效降低孩子怕黑的心理。

家长们在平时还应注意不要去强调黑暗，更不应该用“不乖的话，魔鬼晚上会来抓你”之类的话来恐吓孩子，孩子自然也就不会有恐惧的想象空间了。

（4）让孩子自己决定作息时间

和孩子讨论就寝、起床时间，也问问孩子喜欢父母用什么方式叫他起床。让孩子自己决定作息时间，可以让孩子知道该对自己的承诺负责；用孩子能接受的方式叫他起床，也可以降低彼此的不愉快。

不管怎样，家长们一定要记住：要改善孩子赖床的问题，先给孩子一点缓冲时间，态度不要过于急躁，只要温柔坚定地去执行就可以了。除此之外，家长也要衡量每天出门前的预备时间够不够，如果是在时间很急促的情况下，就不要期待孩子愉快地醒来。且在要求孩子之前，家长也别忘了要跟孩子一起共同努力。

3. 帮孩子选有益身心的运动

要让自己的孩子身体健康，就必须要注意增强孩子的免疫力，这样有助于提高孩子对于疾病的抵御能力。而增强孩子免疫力的最好方法就是让孩子多运动。

但是，与过去的孩子相比，现在大多数家庭都是独生子女，家中没有同龄玩伴，无形中减少了孩子的活动强度，每天保证一定量的运动似乎也就成了奢侈的一件事情了。作为家长，如果你希望你的孩子能够保持较好的身体素质，那么还是要尽量让孩子在忙碌的学习中抽出一些体育锻炼和户外活动的时间。

（1）帮助孩子寻找自己的玩伴

因为孩子的天性本来就是活泼好动的，有时只是因为自己一个人玩，或总是和大人玩，觉得无趣而不愿多动。而对同龄的小玩伴就不同了，有些如追着跑、扔球捡球的运动游戏，大人看起来似乎并不有趣，但小孩子在一起却总是玩得乐不可支。为孩子找一个爱运动的同龄玩伴，那么他（她）在潜移默化中，也会逐渐喜欢运动。

（2）全家一起进行一些户外运动

将运动变成一项家庭行动，也可引发孩子的运动兴趣，在条件允许的情况下，不妨全家一起进行一些户外运动。例如，假期带孩子郊游、爬山，亲近大自然；晚饭后带孩子散步、到社区的体育场所锻炼；睡前做十分钟的母子体操等等，不仅可以给孩子带来身体健康效应，而且还能借此增进大人和孩子之间的感情，可谓是一举多得。

不过，如果孩子喜静不喜动，千万不要强行给孩子制定运动计划，那最终的结果可能会适得其反。聪明的父母应该懂得通过人为引导，让孩子主动爱上运动。

教子有方：建立自控力，不是绝对禁止

除去必须跟孩子明确严格的终身禁止，比如不能恶意伤害他人、远离毒品等，我们也要学会有原则的满足孩子，因为这也是建立自控力的助推手。因为我们的孩子并不是生活在真空中，会接触其他的小朋友，当孩子看见自己绝对被禁止的事物出现在其他孩子手上时，自控力在极度渴望面前往往不堪一击。

正所谓“看过、试过、经历过，才会放下执念。”尝过蛋糕的味道，就不会一直盯着别人手里的蛋糕；拥有自己的小推车，就不会死守了其他小朋友的推车。适当的满足孩子，才可以更好地建立自控力。

第六章 增强复原力
——释放孩子的抗挫折潜能

“开发人类智力的矿藏是少不了需要由患难来促成的。要使火药发火就需要压力。”

——大仲马

“输不起”的孩子也“赢不了”

现实生活中，常听到有家长用“好胜心强”来评价自己的孩子：我家孩子玩游戏时，赢了比谁都高兴，可一旦输了就会大发脾气，不但抵赖不认输，还会破坏别人的玩具；我家孩子才一年级，就非常看重自己的分数，考不好就哭，甚至不吃饭；我家孩子画画没画好，就气得把整幅画都撕掉……

孩子好胜心强，确实是个值得炫耀的好品质。如果孩子有很强的荣辱心和上进心，就会在学习和今后的工作中有着很强的动力。但是，如果孩子因要强而变得“患得患失”，只想赢而无法接受输，甚至对别人的成功抱有深深的嫉妒和敌意，这就成了“输不起”了。

想赢，是成功者的特质；而输不起，则正是失败者的通病。

“输不起”的孩子有什么特征？

很多家庭中都有“输不起”的孩子，只不过表现各异：

1. 宣泄型

这种类型的孩子面对不如意的挫败时，往往会大发脾气或哭闹以示宣泄。他们在生活中也大多是极其情绪化的，高兴时就大笑、悲伤时就大哭。而面对孩子的宣泄，家长一般会在孩子有情绪时给予安抚，或介入帮助解决问题。此过程却让孩子发现，情绪发泄后，原来的问题就不见了，所以他会以为发脾气 = 解决问题，久而久之孩子就会不断使用这个策略。

2. 逃跑型

这种类型的孩子只要嗅到一点儿可能会失败的氛围，就会走为上策地找借口先避开，如说把机会让给别人，或临时有生理需要不得不离开现场，帮自己避开可能的失败。

他们虽然很少输，但这也是输不起的表现。也许是因为他们对自己的要求高于同龄的孩子，总希望自己是最好的，所以无法接受自己蒙上丝毫的缺点灰尘。用闪躲的态度应对挫折，但却因没有正面迎击，等到问题最终无法掩盖时，问题就已经很大了。

3. 放弃型

这种类型的孩子刚开始和别人玩得很好，也信心满满，但一段时间后发现别人都已成功，自己却还没有掌握要领，就会赶在最后结果公布前，立刻放弃：我不玩了、好无聊、烦死了，这游戏不好玩等等，不想面对自己不如人的现实。

他们往往是属于以前成功经验少的孩子，因为有过努力尝试却无法成功的经验，所以面对挑战时会认为：反正不会成功，不要再尝试了。

4. 逃避型

这种类型的孩子在出现坏结果时，总是先怪别人，噼里啪啦炮轰别人。他们把太多力气花在保护自己上，但又像刺猬一样，面对困难时马上扬起自己的刺攻击敌人，以保护自己不受侵害。

这其实就是孩子在回避挫败，花很多力气激起对方的情绪，最后不但不能达成目标，还容易因争执给自己树敌。

5. 胆小型

这种类型的孩子总是在别人进行活动时，在旁边默默观察、偷偷尝试，但不让别人发现，他的想法是，一定要确保自己成功，才敢光明正大地在人前表现。

其实这也是一种输不起的表现。他们不敢尝试和表现，而正是因为对自己没信心，不敢把握机会多练习、多表现，技巧或经验就越少，成功也就更难，如此就成为一种恶性循环，孩子更确定自己能力不足、不敢轻易尝试。

孩子为什么会“输不起”？

其实从儿童心理学的角度来讲，孩子怕输是一种正常现象。事实上，无论什么事情，每个人都希望自己能做到更好，比别人强，获得周围人的认可，这可以说是人的本性。随着孩子的成长，当他了解了自己的强项并且知道去怎么展示，也能接受自己有弱项的事实时，他就会逐渐建立起信心，为人生的成功存储下动力。

而孩子之所以会“输不起”，这就往往与我们父母脱不了干系。因为孩子最初关于“输”“赢”的观念，几乎都来自于家长。

1. 盲目的比较

有的家长很喜欢把自己孩子跟别人家孩子作对比，“人家又考了前10名，看看你，一天到只知道玩，跟小疯子似得”，这样的话给孩子的心理暗示就是：“只有比别人强，压制住别人，自己才能获得父母的关注和认可。”

2. 过高的期望

多数家长总是在最开始对孩子抱有很高的期望值，一旦孩子实现不了的时候，随之而来的就是失望和指责，孩子会更加没自信，表现也会更差。

3. 过分的迁就

很多家长都是无条件迁就孩子，在跟孩子的互动中总是让着孩子，故意输给孩子。虽然这样有可能增添他们的自尊心，但是反过来却会降低孩子的抗挫能力。

4. 赏识的滥用

家长们在孩子取得成功的时候，大多会说“你真聪明！”“你真棒！”这会让孩子认为自己的成功是因为聪明，下次遇到挫折就会认为自己笨，孩子当然不愿意接受自己笨。

5. 无意的灌输

有些家长会无意中把工作中的不良“输赢观”带给孩子。“我都半年没涨工资了，可是新来的才来了几个月工资就给涨了，这让我怎么安心工作？”这样的抱怨带给孩子的影响，往往更深、更不易察觉。

最后我想说的是，无法坦然面对失败，难以经受挫折，这在孩子的成长过程中都是难免的、正常的。即使其中有你的原因，纠正就好。恰当陪伴和引导，才不会导致孩子的畏难情绪固化，不会导致孩子长大后，真正变得“输不起”。

教子有方：允许孩子发脾气

当孩子在竞争中落败，产生沮丧情绪时，就难免会发脾气，有些家长认为，孩子大哭大闹的时候，应该阻止孩子，殊不知，这些情绪对于孩子来说意义重大。

孩子发脾气时，靠近孩子，理解孩子的感受，允许孩子发泄自己的负面情绪，孩子就能感受到父母的关爱，从而排除烦恼，变得放松和乐于合作。比如，我们可以抱着孩子对他说：“我理解你想赢的心情，输了比赛，你感到很失望、难过，是吗？”或者只是简单地抱着孩子，让他进行情绪的宣泄。而且，更重要的是，当我们真正倾听孩子的感受，他就会逐渐学会设身处地地理解他人，将来他也会用我们对待他的方式来对待他人。

不要低估了孩子抗挫折的潜能

请每位家长先思考这样一个问题：当孩子遇到挫折时，你是怎么做的？

是不是大多数父母都在充当着孩子“拯救者”的身份？而自然界中狐狸的妈妈却是这样做的：

一群小狐狸稍稍长大后，狐狸妈妈便毫不留情地驱赶着它们离开家。为什么一向很爱孩子的狐狸妈妈突然变得这么无情，非要驱赶小狐狸离开家，对想回家的小狐狸又咬又赶不让它们重回家门？

原来狐狸妈妈深知现实世界的无情，也深知适者生存的自然法则，它们把小狐狸赶出家门，是为了让小狐狸接受自然界的考验和磨砺，最后生存下来。

在狐狸妈妈的无情驱赶下，最后被逼无奈的小狐狸只好恋恋不舍地离开家开始了自己的独立生活。

其实这就是自然界的生存教育，很无情，却很客观。

事实上，人类社会也需要这种生存教育。父母捍卫子女，不让子女们受到痛苦，是可以理解的。但是，你护得了他一时，护得了他一世吗？每个人一生都要遭遇无数次挫折、失败，过度的保护，反而会让孩子缺乏从错误中学习的机会，限制孩子能力的发展，并使得孩子变得无能，受不得一点“风浪”。如果遭受了挫折、失败，就抬不起头来，意志消沉，没有斗志，那么必然任何事都做不成。

正确的做法应该是：

第一步：让他面对

很多时候，在挫折面前，如临大敌的往往不是孩子，而是大人。大人常常会担心，孩子能否应付得了带给他们痛苦体验的挫折，这种担心往往让大人有一种冲动，想要帮助孩子逃避挫折，甚至要代替孩子承受挫折。

其实我们是低估了孩子抗挫折的潜能。

印度前总理甘地夫人12岁的儿子因病需要动手术。医生为了安慰他，便说："小伙子，别担心，手术没那么痛苦，很快就会过去。"甘地夫人将儿子拉到一边，悄声对儿子说："手术中有一段时间很痛苦，令人难以忍受，可惜妈妈不能代替你承受这痛苦，如果能的话，妈妈情愿代替你。所以，痛苦还得由你来承担，我希望你能勇敢面对。"

手术过程中，孩子出奇的平静，没丝毫哭闹。可以看得出，孩子咬着牙忍受着巨大疼痛，但就是一声不吭。医生感到非常吃惊，因为这样的疼痛连成人都未必能忍受得住。

甘地夫人教育孩子的这个方法被称为"甘地夫人法则"，这个法则重在指出，每个人都不可避免要遭遇挫折，迎接挫折的最好办法就是勇敢地接受它，而不是设法逃避。

事实上，我们也完全不必担心孩子会因为一次的挫败，就不得翻身。其实在每个孩子的内心深处，都有一个"自我帮助系统"，在处理挫折的过程中，会接纳各种各样的处理方法。它可以让孩子逐渐从容地应付复杂的狂风巨浪，即使哪一次失败了，也懂得爬起来再战，并明白什么时候该再接再厉，什么时候该另起炉灶。而这样的智慧，是必须在亲身实践中学会的。

第二步：给他鼓励

孩子的意志力毕竟还没有那么强，所以在遭遇挫折和失败以后，很容易萎靡不振，如果这时候大人不管不问，任其发展，或者采取不适当的方法，如讥讽、嘲笑，甚至训斥、打骂，那么孩子很容易破罐子破摔，继续“受挫”下去，直至无可救药。

因此，父母应该在孩子面对了挫折之后，及时予以安慰，给孩子信心，鼓励孩子重新再来。如可以说：“失败是正常的，谁都会遭遇失败，只要不泄气，继续努力就一定能取得最后的胜利。”还可以说：“孩子，你很棒的，只要努力一定会有所收获的。”也可以用“无所畏惧”的精神来感染孩子，说：“失败了就失败了呗，有什么可怕的，大不了从头再来。”这些话在一定程度上能够缓解孩子受挫后焦躁、烦闷的情绪，有利于增强孩子做事的信心，提高其承受挫折的能力。

对于自信心受损的孩子，父母还应该有意识地帮助他重建自信心。例如：可以设置一些可以实现的目标给孩子去做，当他成功了，不要一股脑地给他许多赞扬，或者告诉他，他有多么的伟大；相反应该对他说，“你现在这样做，就对了，你是不是在慢慢地感觉到一些事情，我想，你现在一定觉得自己很高兴，看起来，多做一些努力，还是有效果的。”这种话，不管是对5岁的孩子，还是10岁，15岁的孩子都有很大的鼓舞作用。

第三步：教他方法

既然父母不可能永远充当孩子的避风港，保护伞；既然孩子迟早要进入社会，自己去面对困难，也一定会经受挫折，那么，最明智的做法就是，尽早培养孩子将来适应社会的能力，让孩子学会自己应付挫折。

这里有一个最重要的原则就是：孩子自己能做的事，决不要代替。因为孩子的学习就产生于得到结果的过程中。即使结果本身不是特别令人满意，只有当孩子有了错误的经验，才会有机会去寻求真知。

例如：生活上，对孩子在小时候出现的“自己的事情自己干”的要求，家长应积极鼓励，注意引导，尽量让孩子去做他想做的事情。他要自己吃饭就给他小勺和碗；他要自己喝水，就把小缸子给他，哪怕他打碎餐具或弄脏衣服，家长也不要代劳，而是应该教给他拿勺子的正确方法、吃饭时要用手扶住碗等，使孩子尽快学会这些本领。

再比如，游戏上，孩子不敢爬高的攀登架时，家长可以训练孩子隔几天多上一级，练熟了再多上一级，慢慢就可以克服怕上高的困难。

同样，孩子在学习上，也会经常遇到关卡，大人可以帮助他把难关分成几步，逐步跨越。有了这样的经历，孩子就会把学习中遇到的其他难关，也学着切分若干步骤的方法，自己克服困难。

在这个过程中，需要特别注意的是，孩子刚开始尝试时，经常会不小心把事情搞糟，这个时候千万不要呵斥孩子，否则就会损伤他们的积极性。而要耐心地把动作、方法解释清楚并做示范，然后再让他练习。

总之，只要我们充分相信孩子，再加上合适的引导，孩子必然会给大人递交出一份满意的答卷。

教子有方：用暗示代替责骂

一般情况下，孩子做事一旦出现了失误，就会担心父母责骂，如果正应了孩子所想的，他会有一种“如释重负”的感觉，对批评和过错反而不以为然了。

因此，父母不妨心平气和，借用别的东西来启发孩子，这样，孩子反而会感到紧张、不自在起来，进而能反省并改正自己的错误。

例如，当孩子惹了麻烦，怕被父母责骂的时候，往往会把责任推到她人身上，以此来逃避责骂。此时最有效的方法是在孩子强辩“都是别人的错，跟我一点关系也没有”时，回她一句：“如果你是那个人，你要怎么解释！”孩子会思考，如果自己是对方时该说些什么。这样一来、大部分孩子都会发现自己也有责任，而且会反省自己把所有责任推到对方身上的行为。

发展出孩子良好的挫折“复原力”

正所谓逆境成才，在激烈的社会竞争中，只有有勇气、有能力接受挫折的人才有资本能从挫折中站起来，打败挫折，取得胜利。

你希望自己的孩子拥有这样的能力吗？

那么，就看你能不能在孩子小的时候就培养他们发展出良好的挫折“复原力”。

挫折教育，强壮孩子的内心

我们提倡对孩子进行挫折教育，目的就是让孩子面对挫折、并战胜挫折，从挫折中学到更多经验，使孩子成为生活的强者。

有的父母也认为挫折教育势在必行，可日常生活中该怎样进行挫折教育呢？

1. 用爱的意志磨炼孩子

有相当一部分家长认为，挫折教育就是多让孩子吃点苦、受点累，如批评、罚站、不给吃饭、与孩子对着干、让孩子服输等就能解决问题。

这样的理解未免过于狭隘了，其实孩子从来就不缺少挫折。只要你不包办孩子的一切，不有求必应，不管是生活、游戏，还是学习，都可以使他体验到失败和不如意。而挫折教育的真正含义是让孩子在这种挫折的体验中学会面对困难并战胜挫折，培养孩子的一种耐挫能力。

美国国家儿童发展科学委员会一项报告显示，一个孩子能否从伤害事件中尽快恢复，最关键的因素是他是否和养育他的成年人有着一段坚实稳定的互动关系。当一个人拥有一段或几段有支持力、有回应的社会关系，再配合一定的处理困境的能力，他就能迅速从逆境中走出来，快速适应环境。这也就是说，父母要让孩子充分感受到爱，给孩子提供充足的信任感和安全感，孩子们才敢大胆地去尝试。

作为家长，在孩子遭受挫折时，一味的不管不问，并美其名曰让孩子承受更多的磨炼是不对的，而事事关心，是问题都希望给孩子解决也是不对的，最重要的方法就是帮助孩子一起渡过难关，让孩子尝试失败的压力，同时也让他体会到，身边还有人在默默地关心他，帮助他，使他有勇气走出失败的阴影，重新绽放灿烂的笑容。

2. 挫折教育一定要因人而异

不同的孩子对同一挫折产生的心理反应是不同的。因此，父母也要根据孩子的性格进行挫折教育：

（1）对自尊心较强的孩子：这类孩子比较好面子，他们在遇到挫折时容易产生沮丧心理，因此，父母切不可过多埋怨、批评，而是点到为止，多加鼓励；

（2）对能力较强的孩子：这类孩子一般比较自信，也有解决问题能力，因此，家长应重在启发，让他们发现受挫原因，放手让他们去解决问题；

（3）对自卑的孩子：这类孩子本来对自己的能力就缺乏信心，因此，父母除了要避免过多指责外，更要多加安慰，还要善于发现他们的长处，创造成功的机会，增强其自信心；

（4）对能力较弱的孩子：这类孩子很容易产生畏难情绪，因此，家长应该帮助他们确立切合实际的目标，制定由低到高、由易到难的计划，使孩子既能避免产生恐惧心理，又能不断地看到自己的进步，从而逐步形成克服困难和挫折的能力。

给孩子自由，才能换来成长

孩子的成长，离不开父母的抚养，社会的哺育，老师的教导。不过，这些都是外在的因素，学会独立才是关键。

如果父母对孩子的事一手包办，什么都不让孩子做，那么孩子独立解决问题的能力自然就会降低、退化，遇到问题就会束手无策。真正懂得教育孩子的家长，给予孩子的绝不是万贯家财，而应该是一笔独立自强的精神财富。

适时放手，给孩子自由，并努力创造让孩子动手解决问题的机会，鼓励和支持孩子大胆尝试，必要时给予理论引导和具体指导，这才是聪明父母之所为。

1. 给孩子冒险的自由

孩子对未知的事物怀有强烈的好奇心，他们想去探索，想去尝试，对此，大人一定要大胆放手，并适当鼓励孩子去接触、去尝试、去体验陌生的事物，给孩子创造磨砺胆量的机会，孩子才能真正成长、成熟起来。

可通过以下三大方面，加强对孩子冒险精神的培养和引导：

（1）激活孩子的冒险精神

要根据孩子的不同阶段，采取不同的措施激活孩子的冒险精神，如对 1 岁左右刚学走路的孩子，可以鼓励他独立前行，摔倒了，要鼓励他爬起来继续独立前行。对 3 岁左右的孩子，要鼓励他识路，可在交通情况不复杂的情况下，让孩子独自一人去指定的地方。大人可采取尾随的方式，以确保孩子的安全。五六岁时，可鼓励孩子玩滑板、学游泳、学骑自行车，玩一些冒险的游戏等等。在这些有冒险性质的活动中，孩子的冒险精神会一点一点儿被激发出来。

（2）正确引导孩子的冒险行为

如果孩子的冒险行为总是以失败而告终，就会大大打消其探索积极性。比如，孩子将各种玩具拆开，却再也组装不好。对孩子的这类“冒险”行为，大人要引导孩子如何“冒险”才有收获，比如教孩子组装的技巧、讲解组装的原理等等，孩子会在这个过程中学到知识和提高动手能力。

当然，也别忘了从安全的角度和商品的使用价值方面告诉孩子，不要轻易进行破坏性探索。

（3）让孩子明白做事要一步步来

平时，大人要教育孩子，在开始做一件事情时，不要把注意力放在所面临的全部事务上，要想一想第一步该怎样走，第一步完成后，第二步又该如何走，这样一步一步走下去，直至达成目标，即把大的目标分成几个小的目标来做，降低事情的难度，增大成功几率，冒险也要遵循这样的规律来。

这样的教育会让孩子懂得做任何事都要讲究方式方法，如果孩子能把这个做事的规律应用在他的“冒险事业”上，相信他的冒险能力一定会得到很大的提高。

不要怕孩子摔跤，摔跤之后爬起来再跑的孩子的脚步会更稳健，也不要过分担心孩子禁受不住风霜的洗礼，让孩子在“安全的冒险”中接受风霜洗礼，这样，孩子才会真正地成熟和坚强起来。

2. 给孩子宽松的环境

孩子有适应环境的无限潜能，大人却人为地把孩子和自然环境隔离开来，让孩子被迫生活在“温室”里，这样就使孩子适应环境的各项潜能“萎缩”了，抵抗力弱化了，导致其只适宜待在“温室”里，离开“温室”便要生病，这完全是由大人的过分保护造成的。

因此，大人要放弃那种过于担心的顾虑，给孩子一个有利于锻炼他能力、适宜他成长的宽松环境，然后他才能在这个宽松环境中，发挥潜能，努力创造，最终赢得一个辉煌的未来。

夏令营就是一个不错的选择。现在很多学校或者其他一些社会机构，都会经常组织各种夏令营活动，大人可根据各自的不同情况，鼓励、支持或者帮助孩子选择参加不同类型的夏令营活动。如孩子对体育感兴趣，可以报一个体育夏令营；对绘画或者音乐感兴趣可以选择报绘画或者音乐夏令营；对科技感兴趣，可以报科技夏令营，对环保感兴趣，可以报环保夏令营。对孩子自己做出的选择，大人要给予支持和尊重。

冬令营也越来越受到家长们的欢迎，越来越多的家长选择在寒假把孩子送往营地，以磨炼孩子的意志，锻炼和提高孩子的人际交往能力。冬令营有英语冬令营、军事冬令营、减肥营、体育拓展营、综合素质营等之分，可根据不同情形选择参加。

实际上，让孩子走出“温室”接受成长洗礼的方式多种多样，应视情况不同采取不同的方式，而不是拘泥于某一种规定形式。

总之，只有让孩子打开眼界，经历必要的风雨洗礼，在风雨中磨砺好他们的“翅膀”，他们才有可能、有能力在高空中迎风起舞，展翅飞翔。

教子有方：父母要做孩子坚强的榜样

孩子有很强的模仿能力，而父母首先会是孩子模仿的对象，父母对待挫折的态度和行为会很大程度上影响孩子的态度和行为，所以为了让孩子成为不怕挫折的人，父母就要先做这样的人，给孩子树立坚强的榜样。

当你自己面对挫折时，一定要从容对待，让孩子感受到你战胜困难的决心和坚强的意志。你不妨当着孩子的面说一些给自己打气的话，别小看这几句自我鼓励的话，孩子却可以从你身上学到自我鼓励和平和的心态。

另外，大人还可以有意识的引导孩子听、看、读一些名人传记以及英雄人物事迹的影视片，让孩子从中受到启发，学到经验，或者用身边同龄人战胜挫折的经历来鼓励孩子不怕挫折，并努力战胜挫折，最终成为一个坚强的人。

学会自我激励，让孩子赢在心态上

好心态的一个重要标准就是——能正确地对待挫折，能容得别人比自己强。每个人都有自身的优点和长处，也都有缺点和不足，努力想超越别人没有错，但努力了却没有达到目标也是正常的。

让孩子从这个角度来认识问题，就能让他们始终保持健康向上的积极心态，让他们有征服困难的勇气和力量，在奋斗的征程中微笑着前进。

乐观的孩子对困难免疫

乐观的心态就是要承认事物的不完整性，就是不要被偶尔的挫折和磨难所感伤，而要相信坏的遭遇总会过去，阳光总会穿破乌云，好的事情总会来到。正如达尔文所说：“乐观是希望的明灯，它指引着你从危险峡谷中步向坦途，使你得到新的生命、新的希望，支持着你的理想永不泯灭。”

如果我们可以在孩子心中燃起乐观的火种，无异于赐予孩子一件对抗挫折的强大武器，会大大增强孩子缔造美好未来的能力。

1. 告诉孩子事物有光明面

任何事物都有两面性，让孩子换个角度看问题，孩子就能看到事物的另一面，继而排除消极、悲观的思想，对任何事情抱着乐观的态度。即使遇到了挫折，他也会认为那是成功前的必经考验。

一个孩子考了59分，非常伤心地回到家。爸爸生气地说："真没用，连及格都考不到，你整天上课都在干什么?"孩子低着头，一句话也不说。

这时，在厨房做饭的妈妈听到丈夫训斥孩子，走了过来，看到儿子的成绩后，笑着说："59分，只差1分就及格了，下次稍微努力一下就可以了。"这时，孩子马上笑了。

这个妈妈的做法比爸爸不知道高明了多少倍!

平时，当孩子遇到困境时，你也应该多向孩子灌输一些乐观主义的思想，让孩子明白：令人愉快的事情是普遍的。比如，你如果周末要加班，应该跟孩子说："今天妈妈工作很忙要加班，看，公司还是很器重妈妈的哦。"而不是跟孩子说："该死的，为什么周末还加班。"事情是同一件，但是你不同的言语却能让孩子有不一样的感觉。

2. 让孩子畅快宣泄不良情绪

研究发现，孩子只有在感觉非常安全并被人无条件接受的时候，才会更加快乐和自信。所以，当孩子想倾诉问题时，大人一定不要做出好坏的判断，只要让他感觉到你在倾听和重视就可以了。

譬如，孩子从幼儿园一回到家，向你抱怨幼儿园有个总爱嘲笑他的女孩。如果你回答："不要总是不停地抱怨，这样可不好。"孩子听后，或许会平静下来，但是不好的情绪被压抑在孩子的心里。如果你换个说法："哦，看来她那样做确实让你感到不高兴了。"孩子听后会感到妈妈理解他，他也就更容易消除怨气，感到快乐。

当然，孩子的个性各不相同，悲伤时表达情感的方式也不相同，我们应该允许孩子自由表现他的伤悲。如果孩子不愿与你交谈，希望单独思考，那么你也就不要在一旁唠唠叨叨；如果他哭鼻子的话，你也千万不能要求孩子憋住，甚至可以不要去劝阻，因为一个人尽情哭过之后，感情可重新恢复平衡；相反，如果你要求孩子停止哭泣，不能表现出软弱，孩子就会把心中的悲伤积聚起来，久而久之，反而造成孩子的消极心理；如果孩子的发泄方式是痛打"娃娃"或砸玩具时，你的任务不是去指责，而是设法通过言语或行动引起孩子的情感共鸣。孩子得到妈妈的暗示，自然会停止“暴力”。

3. 给孩子一个快乐的生长环境

上面我们说到让孩子尽情发泄，不过，作为父母，你的情绪可不能“尽情”宣泄。因为研究发现，生长在快乐家庭的孩子，长大后比一般的人要更快乐。其中部分原因可能与遗传有关，但父母所创造的快乐环境也是孩子快乐的源泉。

如果你在外面受了“窝囊气”，回来便对孩子发“无名火”，这种情况特别容易打击孩子的自信和乐观。因为孩子会把父母的恼火归咎为自己的错误，但他又不知道自己错在哪儿，于是只好全盘否定自己。长久下去容易让孩子自责、退缩，并蔓延为隐约却牢固的消极心理氛围，淹没孩子乐观的笑容。

因此，即使你情绪不好，也要在孩子面前尽量表现出乐观来，孩子在父母努力营造的快乐的气氛中，也会变得开朗、乐观起来。

对一个家庭而言，没有什么比建立家庭传统更有价值的了。过春节时的饺子、鞭炮，或是过生日时的蛋糕、蜡烛，这些传统习俗都十分重要，因为它们赋予孩子生活的意义，加强家庭成员之间的感情，让孩子获得更“长久”的快乐。

同样珍贵的还有每个家庭独特的小传统，例如每个周末全家外出晚餐，每个月末全家一起看一场儿童电影，等等，这些熟悉而亲密的传统习惯会带给孩子强烈的安全感。

简单一句话，家庭传统习俗会让孩子的快乐更“长久”，我们能为孩子做得最好的事就是自己成为一个快乐的、知足的人。

抗挫折，孩子需要自信做后盾

自信是力量的源泉，是生命的根基，有了它，才能跨越障碍，推进各项计划，孩子美好的人生需要强大的自信做后盾，因此，为了孩子能够拥有一个美好的人生，为了让孩子更好地应对生活中的困难和挫折，更有能力创造美好生活，一定要努力帮助孩子树立起对生活、学习、人生的自信心。

1. 提供机会让孩子大胆尝试

除去一定的遗传因素和心理因素，缺乏自信的孩子，多“产”于溺爱型的家庭。父母对孩子过分保护，事事代劳，便会造成孩子对自身能力认识程度的缺乏。试想一下，如果一个孩子对自己的能力不能有清楚的认知，那么又该如何建立起自信心呢？

所以，一定不要剥夺孩子锻炼自己、认识自身能力的机会，反而要努力创造出一个利于孩子施展身手的空间，尤其是展示优点的空间。

因为有机会展示自己的优点，就会强化孩子的心理优势。不妨让孩子为自己记一本“成功薄”，让孩子每周记下自己的成功，借这种方式强化自信心。如果能长期坚持这种方式，必然会让孩子的自信心从无到有、从弱到强建立、健全起来。

在孩子做出某种尝试时，家长们要特别注意：别轻易吓唬孩子。很多时候，为了降低孩子所能遇到的各种危险，大人经常用各种方法恐吓孩子：“别再往下跳了，万一摔倒，腿会断的！”“别摆弄剪刀，弄不好把手指剪断了。”这种教育方式往往会让孩子畏手畏脚，从而不再有胆量去尝试做任何事情。而如果连尝试的勇气都没有，那么自信心的建立和提高又从何谈起呢？

2. 用鼓励代替指责

有人说，孩子的自信是大人鼓励出来的，此话有一定的道理，赏识教育确实有增进正向因素的效应。

其实每个孩子天生都是积极的，勇敢的，他一张开眼睛，就尝试到处看看，当他能控制自己的动作时，他喜欢到处爬，到处摸，什么都拿起来咬，大人做什么，他也模仿着做什么。当然，因为很多事情孩子是第一次做，所以很容易出错，如果他每次尝试换来的都是“电击”——批评、指责，很容易挫伤孩子的自尊心，失去自信。

所以，如果你想让他保持勇敢自信、积极进取，你就应该记住：当孩子做出某种尝试时，只要不是危险的和损害别人利益的，就应该鼓励。要让孩子明白，谁都有失败的时候。这样，孩子每次尝试做一件事情时，他得到的都是奖励而不是“电击”，他当然会很有自信，乐意一而再再而三地努力去做自己还不会做的事情了。长大了之后，他很自然就会成为一个勤快的、乐于尝试新事物的、积极向上的孩子了！

如果你的孩子不幸已经胆怯了，唯一的办法就是停止对他进行“电击”，也就是说要停止对他所做的事情挑毛病、指责或者是表示不满意，而是多给鼓励。哪怕只是有了一丁点儿进步，一定要及时给予肯定和适当的赞美，逐步帮助孩子树立自信。

能坚持的孩子才能成功

如果我们仔细想想就会发现，许多事情之所以没有最后完成，很多时候并不是事情太难，或者完成的条件不具备，而是没有坚持下来。

例如，现实生活中，很多家长都希望自己的孩子有出息，在孩子出生后，甚至还没有出生时，就为孩子设计好了很多发展的蓝图，让孩子学钢琴、学画画、学书法、学英语、学舞蹈、学主持，等等，可最后能坚持下来，不半途而废的又有多少人呢？坚持不下来成为了很多父母和孩子跨不过去的“门槛”。

而美国一项针对儿童成才因素的调查研究也得出了相似的观点：智力与成功之间并不完全相关，却与个性意志有很大的关联性。多数的创造、发明和事业的成功是不会一帆风顺的，总要经历一番磨砺，克服重重困难，才能获得最后的胜利。因此，我们一定要引起重视，并想方设法帮助孩子建立起这个宝贵的品质来。

1. 做事前：灌输理念

培养孩子做事坚持不懈的精神是一个循序渐进的过程，在日常生活中，要经常给孩子灌输“坚持就是胜利，坚持就能成功”的做事理念。

可以给孩子讲一些名人做事坚持不懈最终获得成功的故事，比如NBA 明星迈克·乔丹为了打好球，每天训练都在 18 个小时以上，从未间断，有时候吃饭、睡觉都在篮球场，最终终于成为篮球界“飞人”，创下了诸多佳绩。

2. 过程中：加油打气

做事过程中，难免要碰到麻烦，遭遇挫折。孩子在还没有培养起坚持精神和顽强毅力的时候，很容易被这些麻烦和挫折吓退、击倒，当孩子遇到困难准备放弃时，大人要及时给他们打气，鼓励他们想办法继续坚持下去。

第一，用“大目标”来激励孩子的斗志。

当我们心里有一个“大目标”时，即使面对再多的挫折，也会不忘初心，坚持到底。让孩子时时回想自己的愿望，牢记自己的愿望，就会让他产生向目标靠近的动力。不妨建议孩子每天大声朗读自己的目标计划，在朗读的过程中，无形加强了他对目标的认知。

第二，强化孩子的自我激励意识。

积极的自我心理暗示，会为孩子提供充沛的原动力，使他可以冲破重重障碍，成为一个自强不息的人生斗士。不过，要想让孩子学会自我激励，给自己喝彩可不是一蹴而就的，它要求父母对孩子进行长期的、潜移默化的激励意识。在对孩子进行表扬时，可有意识地将主语“我”改成“你”，如，“你又有了进步，我为你感到骄傲”可改为“你为今天的进步一定付出了很多的努力，你会为自己感到骄傲的”。久而久之，孩子就会内心承认自己，并且领悟到努力后获得的成功，就是对自己最好的奖励。

第三，给孩子“实实在在”的帮助。

孩子遇到挫折，最需要的就是帮助。告诉孩子做事遇到麻烦和困难是很正常的事，并帮助孩子分析原因，积极想办法。具体做法是：家长要尽可能地引导孩子把自己的想法和感受表达出来。这样做，一方面能够给孩子宣泄的机会，有利于缓解孩子的心理压力，消除孩子因挫折与失败引发的心理阴影；另一方面通过孩子宣泄的过程，家长也可以进一步了解孩子，共同分析原因，帮助孩子寻找成功的方法，营造融洽的亲子关系。

另外，在帮助孩子建立坚持品质的过程中，大人切不可一时心软就对孩子让步，有了第一次就有第二次，长此以往，孩子坚持的品质很难培养起来，就会变成一句空话。

教子有方：孩子的12条心声，你懂了几条？

1.不要我要什么就满足我什么。其实有时我只是想知道我能得寸进尺到什么程度。你们过度的满足是对我的不负责，是溺爱。

2.不要对我大喊大叫。你对我喊叫只会减少我对你的尊敬，同时也教会了我喊叫。什么事心平气和的商量，大家都好。

3.不要总是发号施令。假如你向我提出请求，而非发出命令，平等的去沟通，我会更心甘情愿地去做事。平等是我们想要的。

4.请履行承诺。不要对孩子承诺的事情，由于工作还是其他事情去推脱，说了就是说了不要出尔反尔。你们那样会是我更加反感。

5.不要拿我和任何人比较。如果你认为我好于他人，有人会难过；如果你觉得我不如他人，难过的会是我。

6.不要总是指使我。一会儿让我做这，一会儿让我做那，使我无所适从。我只有一件一件的做才会做得更好。

7.请让我自力更生。如果万事皆由你替我完成，那么我将来永远也学不会做事。你们不能陪我一辈子，以后生活要靠我自己。

8.不要在我面前说谎，也别要我为了你而说谎，这样会使我不再相信你的话。有什么事就说，我会理解你们的。

9.当你犯了错，请承认错误。你的行为也会教导我承认自己的错误。人非圣贤，每个人都会犯错误，都在不断地进步。

10.请你们也要学着换位思考。当我向你讲述我的问题时，请试着理解并帮助我，爱我就要告诉我。而不是你们的责备。

11.请像对待朋友一样对待我。虽然我们是一家人，但这并不意味着我们不能成为朋友。真正的亲情，就要像朋友那样真诚对待。

12.不要让我去做你自己不做的事。我永远不会做你让我做而自己却不做的事情。你们自己都不想去做的事，为什么去强迫我呢。请不要忘记“己不所欲，勿施于人”。

第七章 发展社交力

——为孩子将来走向社会预作准备

“集体生活是儿童之自我向社会化道路发展的重要推动力；为儿童心理正常发展的必需。一个不能获得这种正常发展的儿童，可能终其身只是一个悲剧。”

——陶行知

幼年交往能力决定成年生存能力

儿童心理学家哈塔布曾说："预测一个孩子成年后的生存能力，不是看他现在的学习成绩，也不是看他乖不乖，能不能遵守课堂纪律，最好的也是唯一的方法，就是看孩子能不能跟其他孩子合得来。"

事实上，人际交往在现代社会的重要性不言而喻，人的成功只能来自于他所处的人群及所在的社会，只有在这个社会中游刃有余、八面玲珑，才可为事业的成功开拓宽广的道路，没有非凡的交际能力，免不了处处碰壁。因此，培养孩子的人际交往能力对孩子来讲具有非常重大的意义。

珍惜孩子天生的交际欲望

事实上，不管孩子年龄多大，是否会说话，交往的需求一直是存在的，并且随着年龄的增长，他们渴望更广阔的交际天空。

1. 孩子 0 ~ 6 岁社交性的发展特点

（1）一个月时：已经有了与人交往的欲望

这个时期，他们看到人脸或者听到人的声音时会笑，会凝视母亲的脸，还能够与其他人进行目光交流。人在身边的时候，他们会显得比较安静；而人离开时，特别是刚刚睡醒，他们就会显得不安。

（2）两个月时：之前的欲望转变为实际行动

这个时期，他们会表现出苦恼、兴奋、快乐等，除了会对亲密的人微笑外，还会把微笑献给身边逗他开心的陌生人，嘴里还会发出类似

“啊”“哦”这样的声音来回应。

（3）3 ~ 5 月时：具备了最基础的社交能力

这个阶段，他们已经能判断亲疏远近了，会对照顾他的成人，特别是母亲发出的一种特有的所谓“天真快乐反应”——注视着她的脸，手脚乱动起来，脸上现出渴望的微笑，咿咿呀呀地想要扑过去。而对陌生人，却没有这种反应。

（4）5 ~ 12 月时：交往欲望已经越来越强烈

这个时期，孩子有时会目不转睛地看着其他小婴儿，甚至会伸手去摸、抱。虽然这只是他对其他婴儿好奇而已，但交往欲望已经越来越强烈了。

（5）1 ~ 1.5 岁时：开始有了交朋友的想法

这个时期的孩子在和其他小朋友一起玩时，表面上看是各玩各的玩具，但是当把其中一个孩子分开时，他的脸上就会表现出不高兴的表情。显然，他们愿意在一起玩而不愿意分开，这说明孩子开始有了交朋友的想法。

（6）2 ~ 3 岁时：已经具有了交际判断能力

在这个阶段，我们会经常听到有些孩子说：“我喜欢和 XX 玩，不喜欢 YY。”这说明孩子已经具有了交际判断能力。

（7）3 ~ 6 岁时：已经懂得交朋友了

这个时期，孩子已经懂得交朋友，但他们交往的动机非常单纯，也非常简单。只要能够获得快乐，他们就愿意和对方交往：他不在乎对方喜不喜欢自己，不在乎在交往的过程中自己有没有吃亏，只要自己觉得高兴，孩子就认为是可以的。

0 ~ 6 岁是孩子人际交往智能成长的关键时期，如果孩子的社交欲望由于种种原因得不到满足，那么孩子日后的交往能力必然会受到影响。

2. 做好孩子社交路上的第一任导师

父母是宝宝最初的社交对象，也是帮助他们走上社交之路的第一任导师，因此，我们一定要第一时间对孩子生来即有的社交本能给予特别的关注和回应，并给予满足，才能为将来培养好孩子的社交能力打下基础。

（1）多与孩子接触

多与孩子接触，才能准确地捕捉、判断孩子交际需求信息，并尽力给予满足。例如，父母应经常逗孩子笑，可以使孩子社会性微笑较早地出现，而且提早认识父母；多用亲切的声调和婴儿说话，用慈祥的目光注视他以吸引他的目光与你交流。

（2）多带给孩子快乐

让孩子在最初的社交接触体验到快乐，他才会乐于交际。例如，父母要给孩子更多的抚慰，消除他皮肤的饥饿感；在交往互动中，父母还应以开朗、快乐的情绪来感染孩子。你对孩子木讷，他才会冷漠。

（3）多带孩子出游

如果父母能在孩子社会交际处于萌芽阶段时，不失时机地提供各种各样的社会生活和人际交往体验，就可以使孩子的交际能力获得良好发展。所以，作为家长，我们要经常给孩子创设孩子与孩子交往的环境和机会，同时鼓励孩子花费一定的时间和精力去和同龄人聊天、游戏、出游，绝不能借口文化学习的重要而忽视孩子在这方面的学习。

父母满足了孩子的社交需求，孩子自然会有安全感、幸福感，更愿意发出信息，有利于孩子的智力发展，有助于孩子长大后成为一个性格开朗、有良好交际能力、受人欢迎的人。

你的孩子属于哪种交际类型

毫无疑问，每个家长都希望自己的孩子活泼开朗、善于交际。但很多时候，愿望很美好，现实却很残酷。有相当一部分孩子在生活和学习中却不合群、不爱交朋友。

你了解自己的孩子属于什么交往类型吗？要知道，“对症下药”才能“药到病除”，所以，你要设法了解孩子的交际类型。

1. 对号入座——看孩子的交际类型

（1）善于交际型

他们见到长辈会主动问好；能迅速适应新环境，与他人打成一片；在家的时候经常问父母一些奇怪的问题，这类孩子就属于善于交际型的孩子，他们往往比较活泼，性格开朗、大方，人缘比较好，能够和任何小朋友玩在一起，有很好的沟通能力。

（2）偏交往型

偏交往型的孩子面对陌生人打招呼，总有一种胆怯及犹豫的心理。这类孩子交往的朋友比较少，而且这些少数的朋友比较固定，并全是自己所熟悉的人。

（3）冲动型

孩子容易生气、哭闹，上学后经常会和其他孩子吵架，这类孩子就属于冲动型的孩子。他们在交往中会比较积极，会主动和他人沟通，交往意识较强。但是由于理解能力、动手能力等某方面较弱，容易遇到挫折、困难，这时他的控制能力较弱，容易冲动，常常会被其他孩子排斥或者与其起冲突。

（4）被动型

不会主动与他人打招呼；但如果他人主动与其打招呼后，会表现得很积极的孩子，就属于被动型孩子。这类孩子内心很渴望与其他小朋友一起玩，或者和陌生人对话，但又不知道怎么和其他人打招呼，心里总是期望他人能够主动和自己打招呼。

（5）自我型

如果你发现孩子经常独自一人玩游戏，有时还会抢夺其他小朋友的东西，那么你的孩子就属于自我型。这类孩子通常以自我为中心，与小朋友在一起玩只考虑自己是否喜欢或者感兴趣，因此，经常会和其他小朋友闹矛盾，甚至大打出手。他们的谦让、合作意识比较淡薄，甚至没有。

（6）孤独型

如果孩子经常上网、去网吧，经常长时间地低头做某件事，他们大概就属于孤独型。这类孩子表现较为腼腆，性格内向，平时不怎么说话，即使父母或者他人主动与其沟通，他也是用几句简单的话应付，且很少主动与父母及他人沟通。

以上这六种交际类型，除第一种类型外，其他几种类型特点都是不利于孩子交际能力发展提升的。如果你恰恰从后面的类型中发现了属于自己孩子的一类或者多类，也不要担心。实际上，即使交际能力强的孩子，在成长的过程中也会不同程度地出现一些不利的特点，只要我们正确地引导与培养，就能够培养出一位善于交际的优秀孩子。

2. 孩子不善交际，找找你的原因

其实不管什么类型的孩子，他们的内心都是渴望与他人交往，希望自己为他人所喜欢的。那么，是什么原因导致孩子没有良好的人际关系呢？

抛开个性原因——有些孩子天生就比较内向，不愿与人打交道——是不是父母也应该从自己身上找找原因？

（1）认知错误

许多家长认为那些不怎么爱说话，平时不淘气的孩子才是受人欢迎的“乖孩子”，其实不然，孩子的沉默寡言可能恰恰是社交能力低下，不善表达的一种表现，而这种情况却没有得到足够重视。

（2）事事包办

事事包办就会导致孩子失去发展合群性的机会。例如，当六个月大的孩子在学习自己玩的时候，父母总是过分地注意他，拿东西给他、抱他，令孩子不能充分、自由地发展自己的兴趣。这种限制，体现在社会交往方面，就会形成被动的局面。

再比如，家长带孩子出门时，遇到熟人，家长往往会抢先一步，教他叫 X 叔叔或 X 阿姨。这种情形多了，孩子会感到难堪并产生依赖心理，也无法真正感受到与人交往的乐趣。

还有些家长更是事无巨细，什么都想在前头，往往是没等孩子开口，就已经为他送到手边、嘴边，根本无须出口请求。在这种呵护下，孩子自然不愿与人交流。同时，他们又对孩子与人交往过程中的顽皮捣蛋行为过于紧张，以致孩子无所适从，不懂得如何才能合群与讨人喜欢。

（3）过于严肃

很多父母，尤其是初为人父母的年轻人，由于望子成龙、望女成凤之心太过急切，加上缺乏教育孩子的经验，便常有管教过严的情形出现。在这种压力下，孩子每天惊恐于自己如何做才能达到家长的要求，这就直接导致孩子的性格日显木讷和内向，不利于孩子社交能力的培养。

教子有方：帮孩子找到合适的五种好朋友

1. 就近找朋友

什么年龄最好：5岁以前

到哪里找：观察邻居的孩子，如果妈妈面貌可亲，孩子通常也不错。

这个朋友的作用：这第一个伴儿可以教孩子懂得，有朋友是件很有意思的事。

2. 找异性朋友

什么年龄最好：快5岁

到哪里找：去孩子们一起游戏的地方，如小公园、兴趣班等。

这个朋友的作用：会让他们今后更尊敬异性，更容易与异性有感情上的交流。

3. 爱好运动的朋友

什么年龄最好：从3岁开始

到哪里找：操场、游泳班，甚至只是在你门前玩球的，在路上跑步的孩子。

这个朋友的作用：可以避免孩子总窝在家里看电视。

4. 年龄稍大一点的朋友

什么年龄最好：从孩子会走路到上学之前

到哪里找：在孩子的姑表亲戚中找，如表哥、表姐等。

这个朋友的作用：他不仅会成为孩子的行为榜样，还可以帮你监督孩子的行为。

5. 他自己选择的朋友

什么年龄最好：4岁以后

到哪里找：用不着你帮忙。

这个朋友的作用：这是他向独立迈进的一大步。

培养孩子如鱼得水的交际能力

仅有交往的愿望和父母的重视还不够，因为人际交往是一种综合能力，缺少交往的技巧和经验，孩子就容易在交往中受挫，这也是阻碍孩子社交力发展的一个最重要原因。

所以，让孩子学会一定的交往技巧是十分必要的。

开发孩子“能说会道”的语言潜能

语言是人与人之间沟通思想和感情的重要的工具。孩子通过交流，能逐步了解和认识人与人之间、人与社会之间的正常关系，逐步懂得别人对自己的要求，重视别人对自己的评价，学会尊重别人和遵守集体规则，发展社会调节能力和社会活动能力，逐步形成开朗、大方、合群、友爱和宽容的良好性格。

从这个意义上来说，想让孩子拥有好人缘，就先要让他拥有好口才——会说话的孩子到哪都受欢迎。

1. 不要错过孩子学习语言的关键期

其实，孩子并不是生下来语言就能自然而然地发展的，最典型的例子就是从小和狼一起长大的狼孩，七岁时也只会嚎叫，而且语言很难再发展。

所以，父母必须重视从小就对孩子进行语言能力的开发。根据瑞士学者多哥特·埃拉慈姆的研究结论：4 岁是培养儿童语言思维的最佳年龄。他对儿童的语言思维过程做了如下概括：如果 1 个 1 岁婴儿会说 3 个单词，那么1岁半时就能记住26个单词，从4岁到4岁半时就已经会说920到1240个单词了。因此，为使孩子将来有好口才，无论是孩子的父母还是亲属，都应该在孩子的儿童时期，特别是4岁时，侧重进行语言思维的培养。

（1）多和孩子说说话

孩子学说话是从听说话开始的，他们在模仿中也就学会了说话。因此为孩子创设一个良好的语言环境绝对重要。最简单的方法是随时说着你正在做的事，如：你在洗衣服，可对孩子说："妈妈给爸爸洗衣服。"你在看书，可以说："妈妈在看书，宝宝长大了也要看书。"还可以说孩子正在做的事，如孩子在吃苹果，你说："宝宝在吃苹果，好吃吗？"孩子在玩玩具，你可以说："宝宝在玩积木，真乖。"

（2）丰富孩子的生活

儿童语言的发展包括两个方面：一是对语言的理解，二是主动说出的语言。孩子往往是先理解语言，然后才会说话。因此，尽可能让孩子多接触社会生活，比如节假日带孩子上公园、逛商场、书店、串门，孩子可以在交往中自然进行听说练习，并向同伴学习一些词语，以提高语言表达能力。

再如春季来临之际，为孩子准备小蝌蚪、花种子等，指导孩子亲手培养、种植，并仔细观察它们的动态、生长过程及变化特点等，有意识引导孩子观察和思考，然后抓住时机来引导孩子讲述所见所闻，所想所感，这样，孩子对语言的理解也会更深刻。

2. 让孩子做有教养的文明人

有人或许认为，小孩过于"老成"不好、不可爱。孩子的确应该有孩子的天真烂漫，但是让孩子学习一些礼仪，学习待人接物的方法，对孩子的成长却是必需的。因为不论多么天真可爱的孩子也不可能永远停留在孩提时代，他们迟早要长大，等到长大后再教孩子文明礼貌就晚了。

（1）家中来客时，让孩子参与招待

不少家庭来了客人时，总是家长热情地招待，而将孩子漠不关心地丢在一边，让孩子自己玩；或是家长把孩子赶出客厅，让孩子去一边待着，别碍手碍脚。其实，这都是错误的做法。正确的做法是，反而应该让孩子参与招待。这样做，一方面，孩子可以通过观察，从父母及其他长辈身上学习礼仪和待人接物；另一方面，参与待客，能有效地锻炼孩子的胆识和言谈举止。

我国在推广儿童学习用“十个字”的训练方面是很有创意的。“请，您好，再见，谢谢，您再来”这十个字虽然简单，却集合了待客用语要表达的全部涵义，即对他人的尊重、关心、热情、谦让。我们做父母的一定要训练自己的孩子经常、主动地使用这些字，成为他们的语言习惯。要使孩子们不仅在他们熟悉的家里、幼儿园，在熟悉的人面前，而且在公园、街头、公共汽车、商店里和打电话时，在与他人交谈，待人接物时，能够很自然地用上这些礼貌用语。

（2）纠正孩子说脏话的坏习惯

许多父母一定深有体会，有些咒骂的话和俚语，孩子很容易学会，即使谨言慎行的父母，只要偶尔冒出一句，孩子立刻就吸收。那么，怎样纠正孩子说脏话呢？

（3）别在无意间强化孩子说脏话的坏习惯

其实孩子并不一定知道脏话的含义，孩子说脏话，多半是模仿、好玩，是为了显示他的某种本事。碰到这种情况，父母千万别笑，更不要流露出惊奇的神色，有时严厉的训斥也是无济于事的，因为这些反而会强化他的行为。因为他会为了得到父母对他的反应或注意而一次又一次地说。你表现出没有兴趣，他才会觉得索然无味。久而久之，那些不好听的字眼或脏话就会逐渐被忘掉而消失。

（4）用孩子能够理解的办法来纠正。

其实，孩子小，你和他讲大道理意义不大，因此无需详细向他解释他刚刚说的话如何粗俗，还是用他能理解的方法来处理效果好。比如有一个妈妈就很聪明：3 岁的儿子学了句“王八蛋”，见谁都说，她又羞又恼，打了他好几次也没用。有一次，儿子又说了，这位妈妈灵机一动，装出痛苦的样子：“宝宝说脏话，妈妈听了耳朵好痛啊！”儿子听了立即跑过来帮她揉耳朵，嘴里还念道“不说”“不说”。后来，他一不小心，刚说出一个字，马上就话题一转，还约束自己：“不说，不说，说了妈妈耳朵会痛。”

3. 没有人不喜欢幽默的孩子

幽默的语言技巧非常有助于缔造和谐的人际关系，增进人与人的交往，因此要尽力培养孩子幽默的心态，提高孩子利用幽默语言的技巧。

各位家长不妨从以下几方面来培养孩子的幽默感：

（1）做孩子效仿的榜样

要培养孩子的幽默感，为人父母者首先应该是幽默的人。经常和孩子讲笑话，并用有趣的方式解决问题，把笑容常常挂在脸上，耳濡目染之下，孩子自然也学会了幽默。

（2）多给孩子看或读幽默轻松的故事

幽默有趣的小故事不仅能使孩子在轻松愉快的氛围中喜欢上阅读，还能潜移默化地培养孩子的幽默感。

（3）多让孩子讲讲有趣的事

孩子对发生在自己身边的有趣的事，总是很有表达的欲望。这时家长需要做的，就是认真倾听，并发出会心的欢笑。

（4）认真对待孩子试图逗笑你的行为，鼓励并肯定

（5）教孩子学会自嘲

适当的自嘲也是幽默。真正幽默的人，不怕受人嘲笑，而且非常善于自嘲，而这种自嘲实际上是建立在自信的基础之上。

在这个过程中，孩子幽默的心态和幽默的语言技巧慢慢就会培养和建立起来了。

让孩子学会交往与合作之道

欧洲著名心理分析家A·阿德勒说："假使一个儿童未曾学会合作之道，他必定会走向孤僻之途，并产生牢固的自卑情绪，严重影响他一生的发展。可见，孩子学会交往与合作是多么重要。"

事实上，孩子的团队合作能力不仅是孩子交际能力的重要体现，也是现实世界的需要。只有合作，才能汲取更多的营养让自己变得强大，也只有懂得与人合作的孩子才可能在将来收获更大的成功。因此，父母必须从小培养孩子与人合作的意识，训练孩子的合作行为，增加孩子的团队意识。

1. 让孩子在家庭中充当一定角色

要想培养孩子的团队合作能力，首先要让他明白团队精神及合作的重要性。而孩子参加的第一个团队便是家庭，家庭虽然与孩子团队不同，但也可以为孩子学会社交技能打下基础。在日常生活中，爸爸妈妈与家庭成员之间应当有意识地进行合作，并邀请孩子参与进来，感受合作的快乐，告诉孩子合作的力量往往大于独自行动，于潜移默化中培养孩子的合作意识。比如，可以让孩子一起参与包饺子，做蛋糕、饼干等，当孩子看到一起合作的劳动成果时，一定十分开心。

而且，在家庭中培养团队精神还有一个有利的地方，就是孩子不必担心被家庭这个团队拒绝，因而能自由、大胆甚至充满创造力地充分扮演好自己的“角色”，从而学会融入团队。

2. 经常带孩子参加集体活动

在孩子幼年时期，父母可以带孩子和他的小伙伴们一起做搭积木、拼图、过家家、童话剧、老鹰抓小鸡等游戏。在这些活动中，孩子通过互相配合，慢慢地就能提高自己的团队合作能力；

对于年龄稍大的孩子，父母可以让孩子多玩一些合作性较强的体育活动和游戏，如足球、篮球、跳皮筋、跳绳等，既有团体之间的对抗与竞争，更有团队内部的合作，这些都非常有利于孩子合作能力和团队精神的培养。

而且，孩子也会在这些活动中获得快乐感、成就感、满足感，他的潜意识就会认为，团队合作很快乐，这样就会越来越喜欢集体活动，从而为在集体活动中获得能力的增长提供了可能。

3. 教孩子合作的方法和策略

首先，父母应该在平时经常给孩子灌输类似这样的思想：任何人都有自己的长处，要学会真诚地欣赏他人；合作就是取他人之长，补自己之短，是双方长处的融合；霸道、自私会让游戏进行不下去，只有分享与合作才能让游戏顺利开展，才能获得快乐……

其次，在孩子与同伴在活动中意见不统一时或玩儿得不愉快时，父母不妨教给孩子一些解决冲突的技巧，但是不要替代孩子处理与伙伴之间的矛盾，而要让孩子学会如何面对失败和胜利，如何通过冲突，学会独立思考，并让自己的交际能力不断得到提升。在解决纠纷的过程中，孩子会慢慢地明白自我中心意识太强在人际关系中是行不通的，要学会谦让、妥协，要学会照顾别人的需要，从而懂得更好地与人相处。

另外，父母还可以利用孩子喜欢听故事、看故事的特点，引导孩子看一些有关友情、互助、合作方面的书籍（如《和朋友们一起想办法》《德沃夫爷爷的森林小屋》《国王的蛋糕》《乖乖兔找朋友》《变成雪人的熊》《邻居》等）和电影（如《超能陆战队》《冰雪奇缘》《疯狂动物城》等），潜移默化的帮助孩子认识团队精神的重要性，学会取长补短，用正面积极的态度面对困难，善于思考问题，学会团队合作，寻找解决的方法。

锻炼孩子“领导”的能力

当然不是每个人都能当“官”，登上金字塔顶端的永远只有少数人，但每个人都应该有领导意识和领导能力。从小锻炼孩子的领导才能，才有可能让他们在群体中脱颖而出，使他们能够带领一班人完成更大的事业；即使不能成为领导者，也能让他们找到一个合适的位置，最大程度上施展自己的能力和影响他人。

1. 给孩子当“领导”的机会

给孩子机会，让他在擅长的领域统领他人，如让孩子自己组织活动，比赛等，这都有助于帮他们树立信心，增加与人打交道的经验和能力，这是领导者必备的本领。

如果开始时孩子缺乏组织同伴的勇气，家长不妨先让孩子在家里扮演一些组织者的角色，如负责全家假日外出游玩的具体日程安排，组织一些小型的家庭娱乐活动如讲故事比赛等等。

2. 给孩子制造在公众面前表达的机会

不敢在公众面前表达，又谈何领导他人？所以，别总把孩子关在屋子里，要给孩子在陌生人和公众面前表现的机会，例如，带孩子参加各种演讲、演出等，孩子才会变得越来越勇敢和自信。

对于不善于、不敢于发言的孩子，可以多给他讲一些演说家的事来激励孩子演说的热情；或定期举行家庭表演会，以此训练孩子的胆子，如鼓励孩子唱歌或朗诵短诗让你欣赏；让孩子重述小说或电视电影的故事，帮助孩子将长故事浓缩成“短剧”；鼓励孩子在亲友前讲笑话或与他人分享个人的特殊生活经历，如度假，旅游等；比较年长的孩子可参与非正式讨论，以训练辩驳能力；条件许可的话，还给孩子找专门的培训机构教授孩子演讲技巧……总之要多管齐下，在鼓励孩子演讲热情的同时，教会孩子演讲的技巧，当他品尝了成功的愉悦后，自信心也就增强了。

当然，孩子的表现也不应该仅仅局限于演讲、演出等，孩子喜欢讲故事，喜欢当小哥哥、小姐姐照顾别的小朋友，如安慰正在哭泣的小朋友，这种自发的行为，更是主动表现自己的体现，应该得到家长的赞赏。

3. 鼓励孩子在重要时刻站出来

有些家长出于各种各样的考虑，如怕孩子累着、怕影响学习，怕得罪人等等往往不支持孩子担任职务。殊不知，有担当、责任心强，正是判断孩子是否具备领导能力的重要条件。支持孩子在班里担任职务，不但可以培养孩子为他人服务的意识，还可以锻炼他的组织能力，并可培养高度的责任心，同时还可以在同伴中树立威信，使孩子增强自信心，真可谓是一举几得的事。

另外，还要让孩子学会在过失之后主动站出来承担责任。只有具有很强的责任心，勇于承担后果，才可能成为一名合格的领导者。给父母的建议是：事情无论大小，都应该让孩子做到有始有终；如果孩子对某事提出承诺，必须要求他言而有信；如果孩子犯了错或闯了祸，先别急于为他遮风挡雨，一定要先让孩子自己出面解决。

4. 让孩子自己勇敢去探索

领导者都是勇于探索、敢于迎接挑战的人，这样的人对公众具有号召力。如果父母要求孩子凡事循规蹈矩，不许冒险，他将永远也成不了领导者。

实际上，每个孩子天生都是积极的、勇敢的，从能睁开眼睛开始，他便用好奇的眼光打量这个新奇的世界。从会爬开始，他就开始到处爬，到处咬。可是出于没有必要的瞎担心，很多父母阻止了孩子的种种尝试，且美其名曰“为孩子好”。

如果当孩子做出某种尝试时，只要不是危险的和给别人带来伤害的，就应该给予孩子鼓励，并且积极提供机会让孩子大胆尝试。这样，孩子在尝试做事情之后，无论失败还是成功，得到的都是父母的鼓励和支持，那么他会变得自信，而且更会积极地去尝试自己没有做过、做成的事，长大以后，自然也就会成为一个勇于实践、乐于实践、积极向上的孩子。

如果孩子已经形成了胆怯的性格，那么唯一的办法就是鼓励他勇敢起来，不要指责他的懦弱，也不要挑他所做事情的毛病，或者表达出对他的不满，那样只会事与愿违。只能通过不断鼓励，逐步帮助孩子建立起自信和勇敢精神。

5. 给孩子独立解决问题的机会

“可能性思维”是领导能力的一个标志，那些能够认真思考问题，并替大家解决燃眉之急的人，很容易被推举为领导者。

而要想增强孩子独立解决问题的能力，大人就要学会适时放手，凡事不要包办，给孩子以锻炼的机会，因为如果孩子的锻炼机会一旦被剥夺，孩子独立解决问题的能力自然就会降低、退化，遇到问题就会束手无策。正确的做法应该是大人要适时放手，并努力创造让孩子动手解决问题的机会，鼓励和支持孩子大胆尝试，必要时给予理论引导和具体指导。

不要觉得孩子小，就不具备独立解决问题的能力，事实上，即使是幼儿，也已经会用一些策略和办法来解决问题了，例如一位妈妈就曾发出这样的感叹：“让孩子学会推测和思考，他会做得比成年人想象的还要好。”原来，她两岁的儿子，想迈上滑梯的第一个台阶。可他腿很短，爬不上，妈妈对他说：“想想呀，找个小助手，是不是可以上去呢？”小男孩认真思索了一会儿，把小推车推到了台阶旁，他先爬到车子里，再爬上滑梯台阶。正所谓“授人以鱼不如授人以渔”，代替孩子做事永远比不上鼓励、支持孩子自己做事。

6. 常与孩子做竞争性游戏

一般来说，孩子对“竞争”这两个字的意义并不了解。但是他们常常会相互比较与自己有关的事物，再加上外在因素的影响，例如加油、鼓励，无形中会促进他们想要更尽力、表现得更好，间接地提升了他们超出别人、出人头地的潜在领导能力。

在家庭中，父母可以经常和孩子做一些竞争性游戏，通过扮演适合的角色去培养孩子的竞争意识。

不过，要注意的是，家长在与孩子做竞争性游戏时要使孩子真正感受到竞争的压力，而不是为了让孩子高兴而故意输给孩子，这样才能培养起孩子的竞争意识。因为如果家长经常让着孩子，就等于没有给孩子提出高的要求，孩子在游戏中不用努力就轻而易举地取胜，失去了锻炼自己的体力、意志力和智力的机会，没有显示出自己的力量，也就品味不到自己获得成功的喜悦。其次，在竞争性游戏中家长让着孩子，其实是对孩子的一种娇宠，这种娇宠会使孩子逐渐产生严重的依赖心理，对任何人任何事都有一种期待感，希望别人为自己做出牺牲，形成以自我为中心的自私性格，甚至会养成“唯我独尊”的小霸王习气。

让孩子能轻松自如地处理情绪

正面地面对和处理情绪的能力，是孩子成长过程中需要学会的，这对他会有极为长远的影响和意义。孩子一旦习惯用暴力的方式发泄，不但会造成其他人的困扰，也影响自己的人际关系，因此，父母有必要帮助孩子正确理解和恰当地表达不良的情绪。

1. 换位思考，给予孩子情绪上的支持

通常来讲，挫折和失败一定会给孩子带来负面情绪，很多孩子拿负面情绪没有办法，很容易被负面情绪牵着走，并因此而出现不良行为。因此，大人要想办法努力帮助孩子化解掉负面情绪，还孩子一个平和、安静、良好的心理环境。

一个最有效的方法就是换位思考，即站在孩子的角度去体验孩子糟糕的心情，让孩子有一种被理解的感觉，以此来帮他将不良情绪发泄出来。

例如，当孩子的玩具被小朋友不小心弄坏了，拿家里的沙发、柜子“出气”时，你可以蹲下身搂过孩子，安慰他：“嗯，我知道你很难受，心爱的玩具被弄坏了，谁也会心情不好的，可是小朋友是无心的，他也不愿意让你难过。你再用劲踢桌子，那个玩具也坏了，没有用的，我们以后注意就是了。”让他知道不光他自己很难过，你也知道他的感受，这就给了孩子一种情绪上的支持。再告诉孩子即使再用劲踢桌子，玩具也坏了，这就让孩子明白闹情绪、发脾气是解决不了问题的，于事无补。

在这种换位思考式的教导中，既有效化解了孩子的负面情绪，又让孩子明白了一定的道理，知道以后再出现此类事情该如何“宽慰”自己，一句话，十分有利于孩子健全人格。

2. 帮他找到正面积极的解决方法

孩子们在一起玩耍，发生争执和矛盾很常见也很正常，多数并非恶意，而是与孩子的语言和交际能力有关。但是很多家长的第一反应是自己的孩子被欺负了，并可能指导孩子：“别人打你，你也打他！”。但以暴制暴，绝非正确的解决之道。

有一天，佳佳从幼儿园回来，一脸不高兴，妈妈问她怎么了？她说班里有个小男孩在站队时老是挤她。

妈妈问佳佳：“你认为他是故意挤你呢？还是无意中碰了你呢？”佳佳想了想，肯定地回答说，他是故意的。妈妈又说：“是不是他想做你的朋友，又不好意思说，也不知道该怎么表示友好，所以就碰你一下呢？他看你的拼音学得好，画画也很棒，他大概想要跟你学呢。”

一席话，说得佳佳气全消了，小脸露出笑容，她说：“那我明天就去问他，他要是想做我的朋友，我就教他。”果然，佳佳和那个淘气小男孩一来二去，成了好朋友。

佳佳妈妈的做法就很令人赞赏——不去夸大矛盾、更不让孩子以牙还牙，去攻击对方。妈妈巧妙地化解了女儿的不快，还教给女儿从光明面看事物的正确视角。

现实生活中，如果当孩子真的受了“欺负”，再对孩子加以安抚，等孩子情绪基本平静下来之后，你可以和孩子一起讨论和寻找解决问题的方法，例如你可以问问孩子：那个小朋友为什么会这样做呢？或者引导孩子来想一想可以用什么好办法来解决这个问题。如果孩子说“我不敢！”“我不知道！”或者说“他打我，我也去打他！”这时父母既不可嘲笑孩子的胆小，也不可责备孩子的鲁莽。父母应该最了解自己的孩子，也一定可以找到适合他的正面积极的解决方法。

3. 延迟满足，增强自我控制力

除了在孩子情绪发作时进行必要的引导外，家长更应该注重在平时培养孩子控制自己情绪的能力。

很多时候孩子会因为自己的要求没有得到及时满足而表现出一系列负面情绪：焦躁、烦闷、不安，甚至大发脾气。他认为自己被大人忽略了，他要让大人知道他的不满。

这样的事情，首先孩子有责任，因为没有得到满足就狂躁、发脾气，显然是缺乏足够的自控力和自我约束力的表现，有些任性。大人这方面，要及时发现孩子情绪的变化，了解事情的原委，然后妥善加以解决。

解决的好办法是延迟满足，即不要立刻满足孩子的要求，而是延迟一段时间再予以满足，让他学会等待，学会忍耐，学会自我约束。延迟满足最开始，是以恰当的方式拒绝孩子的要求，让孩子能接受要求在当下得不到满足的现实。比如，可以提前跟孩子说："爸爸一会儿可能很忙，有什么要求，需要等爸爸忙过了再提。"

然然的妈妈对然然的呼应总是慢半拍，然然去抢别的小朋友的玩具没抢到手，大声呼喊着叫妈妈。妈妈总是特别能沉得住气等然然哭完再过去给然然讲道理。然然在外面要买玩具和吃的东西，妈妈多半不拒绝也不立即答应，而往往是顺势提出一些条件，少则一会儿、多则几天后实现愿望。

如今，5岁的然然做事要比别的同龄孩子更有耐心，对幼儿园老师的等待要求配合得最好。这份从容就得益于平日里妈妈的延迟满足教育。

通常情况下，孩子对等待感到很难受，不愿意等待，这时，大人可以给孩子提个建议，出个主意："这段时间你可以先去把恐龙王国的拼图拼好。""你把你放玩具的小柜子收拾好了，爸爸可能就忙完了，然后咱们再解决你刚才说的事情。"

延迟解决让孩子知道了很多要求不是提出来马上就可以得到满足的，是要受其他一些事情的限制和约束，比如通常要受时间的约束和限制，这样有利于孩子控制自己的负面情绪，促进自我约束和自我控制力的养成。

另外，我们大人自己一定要尽量保持好情绪，尤其要在孩子面前努力创造出一种良好的情绪氛围，多一些积极向上、乐观的、豁达的情绪，少一些消极、低沉、悲观的情绪，这种气氛会潜移默化影响到孩子，增强他们抵抗负面情绪的能力，使他们不再因为一点小事就陷入焦躁、烦闷、愤怒中，而是能积极勇敢地面对。

总之，如果孩子能做到不被负面情绪所困扰，甚至可以从负面情绪中汲取到积极向上的力量，化不利为有利，那么自然会增强内心力量，获得良好的人际关系，为日后走好人生之路做好铺垫。

教子有方：孩子的责任感丢在了哪里？

当孩子发现负责任等于痛苦以后，就不会愿意为自己的行为负责了。

美国儿童心理学家曾列举出父母常使孩子产生痛苦联系的话语，各位家长检讨一下自己吧：

使用难听的字眼——傻瓜！骗子！不中用的东西！

侮辱——你简直是个饭桶！垃圾！跟你那死爹一样！

为难——叫你不要做，你还要做，真是不可救药！

压制——不要强词夺理，我不会听你狡辩。

强迫——我说不行就不行！还敢顶嘴！

威胁——你再不学好，妈妈就不爱你了！滚出去！

央求——我求你看一会英语吧，儿子。

贿赂——只要你这次考100分，我就给你1000块零花钱。

挖苦——洗碗，你就打碗，真行，以后还要做大事，做梦去吧。

这些批评、伤害性的话语，会逐渐让孩子觉得自己无能，随之依赖性增强，责任心也随之萎缩了。

第八章 激活仁爱力

——唤出孩子心中的真善美

“野蛮产生野蛮，仁爱产生仁爱，这就是真理。待儿童没有同情，他们就变得没有同情，而以应有的友情对待他们就是培养他们友情的手段。”

——斯宾塞

端正的品格让孩子受用一生

不知道从什么时候开始，“熊孩子”已然成了一个热词。其实，“熊孩子”本是北方地区形容孩子不懂事、调皮的一句方言，带着相当程度的亲昵成分，但是，现在“熊孩子”这个词亲昵成分降低了，指责、怨愤和无奈成分增高。2014 年，更是发生了一起“熊孩子”的恶劣事件：因嫌楼外施工的电钻声太吵，影响到自己在家看动画片《喜羊羊》，一个 10 岁男孩想到的处理方法，居然是用刀子割断工人的安全绳。还好绳子有两根，工人只能悬吊空中等待营救。

虽然我们周围这种极端案例可能比较少，多的是一些寻常调皮的“熊孩子”，但这已经能足够引发我们思考了：现在的孩子到底是怎么了？是谁让我们的孩子这么无情与麻木不仁？

孩子道德教育不可缺失

不可否认，现在不少人（包括很多老师）对一个孩子的评价还存在着这样的认识：只要学习成绩好就是个好孩子，将来也会有出息。而且，孩子的升学择业，也几乎完全靠的是分数与文凭，因一分之差就会或名落孙山或多交高昂的学费，这也会误导家长和孩子，让他们产生分数比什么都重要的错误意识。

也许还会有一些家长认为，面对今天越来越复杂的社会，培养孩子诚实、正直、仁爱等品质就意味着让孩子对人对事开诚布公，严于律己，宽以待人，但结果势必使孩子吃亏得罪人。

其实不然，端正的品格，不管对社会还是对孩子身心发展来说，都是起着重要作用的。如果把做人的道理比作船上的舵，而把做事的本领比着船上的两只浆，两者相比较，舵是决定方向的，方向错了，浆划得越快，则偏离目的越远。所以一切有识之士都把告诉孩子做人的道理放在家庭教子的首位。

相反，只见知识不见人、分数第一的教育，才是“缺德”的教育。其危害不仅仅在于导致了孩子们对知识的厌倦，更为严重的是因缺乏善良与美德的体验而造成人格的缺陷。一个孩子学业上的缺陷不一定影响他的一生，而人格的缺陷倒可贻害他一辈子。正如英国教育家洛克所指出的那样：“教育上的错误正如自己配错了药一样，第一次弄错了，决不能靠第二次、第三次去补救，它们的影响是终身洗刷不掉的。”高层知识分子犯罪率日渐升高就是一个不争的事实。实际上，导致他们犯罪的真正原因就是他们人生里缺少了做人这一课。

可以说，孩子在儿童期，特别是幼年阶段，其成长的主要养料就是真善美。让孩子去体验美好，体验成功，体验快乐，体验崇高，只有这样，才能培养他们积极的生活态度，鲜明的价值判断，丰富的思想体系。

孩子的道德教育要分阶段进行

道德发展同其他方面的发展一样，也是有阶段性的。如果孩子不能在合适的时期得到教育和体验，那么他的道德能力也不能得到很好的开发。因此，对于孩子的道德教育，父母也要分阶段地进行，这样才能让孩子得到更好的发展。

美国儿童发展心理学家科尔伯格将人类的道德发展大致分为三个水平，分别是前习俗水平、习俗水平、后习俗水平，每个水平又分为两个阶段。这里的习俗是指一个社会的法律和规则。

1. 前习俗水平

第一阶段中判别善恶的标准就是是否受惩罚。在这个阶段，孩子认为，只要是不受惩罚的行为就是正确的行为。如果没有受到限制，没有人教会他们分辨是非，那么他们什么行为都做得出来，在公共场所大声喧哗，随意横穿马路，喜欢朋友的东西就会去抢等。

第二阶段中判别善恶的标准是自己的欲求，也就是“既然你得到了一个，我也要得到一个”，为了得到想要的东西，无休止地要求公平。

2. 习俗水平

这是遵守别人规律的时期。这时孩子会按照自己所在集体的标准行事。具体来说：

第三阶段是“好孩子”取向，认为不受别人非难的行为是正确的。

第四阶段是以社会秩序为取向，遵守法律和规则。

3. 后习俗水平

从这时开始，就是自律性道德占主导地位。

第五阶段的人会认为法律是为人而定的；反过来，为了人也可以修改法律。举个例子，为了救一个人的命去偷药，处在这个阶段的人就会认为这种行为是可以宽恕的。

第六阶段以普通的伦理原则为准则，换句话说，不是以法律和习俗为主，而是将重点放在人类生命的尊严上，按照自己的道德标准来行事。

可以说，在孩子道德智能的培养上，父母就是要促使孩子由“道德无律”过渡到“道德他律”，再由“道德他律”过渡到“道德自律”。

没有爱，就没有教育

正如近代教育家夏沔尊所说：“没有爱，就没有教育。”培养孩子的道德观念时，不应该用食指戳着孩子的脑门，数落他做错了什么，或者在孩子撒谎后大打出手。事实上，温和、注重感情的教育风格，更有助于培养孩子的道德意识，也有助于孩子变得独立和成熟。

美国一项长期研究结果就显示：在童年时代受到关爱、照顾和鼓励的人，成年后更尊重他人。德国的一项针对母亲和两岁女儿的调查也表明：母亲越是让孩子感受到强大的支持，孩子对别人也就越有同情心。相反，如果孩子经常受到惩罚，就容易变得越来越偷偷摸摸、爱撒谎，因为他们害怕挨打受骂。所以父母轻易不要用极端的手段来教育孩子。

在日常生活中，父母还要珍惜那些和孩子讨论行为规范的机会。比如在讲故事或看电视的时候，积极地和孩子探讨其中哪些行为是正确的，哪些行为是不道德的。有严格的家教，并经常就道德问题进行沟通的家庭，容易使孩子养成健全的道德观念，并在行为中体现出来。

另外，父母更应该自己给孩子做好的表率。举个例子，如果你当着邻居的面夸奖他们的孩子，回家关上门就说："这个孩子真是个笨蛋"，那么怎么可能指望自己的孩子成为诚实的人呢？

最后，我们还要知道，培养孩子的道德意识并让他们遵守已经形成的道德观念，是一个长期渐进的过程。如果孩子经常通过公正、公平的方法实现目的，或得到应有的肯定，就更容易建立起正确的价值观念。

教子有方：体现孩子德商的七个美德

和善：和善使得孩子日常生活中充满涵养。不骄傲，不自卑。拥有和善品德的孩子能够更多地考虑别人的感受，体味别人的生活，关心别人的疾苦。

同情：同情是一个人类感受别人情感的唯一途径，是人类相互理解的基础。它能让孩子理解别人的感情并真诚热情的对待别人，能够让孩子意识到感情上的痛苦对别人带来的冲击，因此孩子也就不会在恶作剧。

尊重：尊重是所有美德最基础的。一个尊重别人的孩子很少会用暴力，辱骂，仇恨去对待别人。在更加尊重别人的基础上，也会更加尊重自己。

宽容：宽容的孩子在对待与自己不同观点，不同见解的人时，拥有耐心去思考这些差异的来源，而不是简单地认为别人错了。宽容也让人更懂得欣赏，以博大的胸怀去接纳因不同地域、种族、历史、见识造成的不同的文化。

节制：节制是指孩子在面对自己的欲望时，能够三思而后行，约束自己的冲动，从而可以避免因为匆忙做出选择而导致危险的后果。

诚信：诚实是人身上非常重要的品质，也是人类良知的强烈表现。

会让孩子走在正确行事的道德道路上，而且一旦有所偏离，也会马上回到正途上来。

正直：正直是一个人内在的强烈需求，它能帮助孩子妥善的处理人际关系中的纠葛，明辨是非，使孩子面对诱惑也能坚决抵制。

把爱的意义一点一滴地注入孩子心中

在孩子的道德教育中，爱的教育最重要。爱是生命的主旋律，没有爱，生命将变得荒芜、干枯。教育孩子要首先爱自己的妈妈，亲人，老师然后推及、延展到爱他人、爱集体、爱国家。爱的教育是终身教育，需要我们抓住时机，不间断的对孩子进行爱心教育，从而培养一个会为他人着想、有爱心的好孩子。

在爱中长大的孩子才更懂得爱

在爱中长大的孩子，在感受“爱”和享受“爱”的同时，也会不由自主地充当起爱的“传递器”，将自身感受到和享受到的“爱”播散出去，让他人也接受“爱”的沐浴。下面是给父母的一些建议：

1. 把握爱心培养关键期

婴幼儿时期是人各种心理品质形成的关键时期，爱心的培养也主要在这个时期。这个时期，父母要经常爱抚孩子，对孩子微笑，让孩子感受到来自父母的爱。这是萌生孩子爱心的起点。随着孩子一天天长大，爱的形式有所变化，可以经常陪孩子游戏、聊天、学习，做孩子爱吃的饭菜，等等。

2. 利用榜样的力量

榜样的力量是无穷的，受了爱的熏陶，孩子也会效仿大人的想法和方式行事，把对他人献爱心当作一件美好的事，久而久之，就会建立起奉献爱的习惯。

在平时，尤其是在孩子面前，大人经常换位思考，多体谅他人的难处；经常对有需要帮助的人及时伸出援助之手……在做这些事情的时候，记住一定要发自内心去做，而不要装模作样，要让孩子看到大人的真诚。

同时，也可以多给孩子讲一些正能量的故事，如道德模范的故事、爱心志愿者的故事、见义勇为的故事，以激发孩子仁爱之心。

3. 营造良好的家庭氛围

良好的家庭氛围也十分重要，在家里，大人要学会控制和改善自己的情绪，让家庭充满和谐关爱的气氛，比如可以搞一些有意义的家庭活动，让孩子体会到家庭的温馨。父母的爱和温馨的家庭氛围，会让孩子的情绪变得快乐，也会让孩子的爱自然萌发。

4. 父母的“爱语”不可少

在孩子小的时候，父母的“爱语”总是随口而出：“妈妈的好宝贝，妈妈爱你！”“你是爸爸最爱的人，对爸爸最重要。”随着孩子逐渐长大，许多父母转而换上了严肃的表情和苛刻的话语，他们希望能用这种严肃的方式帮助孩子克服困难、纠正错误。

虽然爱是自始至终都在的，但方式却有些欠妥。其实，你只需要随着孩子的成长而变化一下具体形式就可以了。例如，你可以用一些更含蓄的话语来表达：“你这样做让爸爸妈妈感到很开心。”“爸爸妈妈很欣赏你的这种行为。”等等，这样的话同样会让孩子感到父母的爱，同时，对他们还会起到一种鼓励作用，让他们更加努力。等孩子再大一些后，他们对很多事情都有了自己的理解和感悟，对爱的理解也更为深入，这时，父母对孩子的爱的表达可以更为深刻一些，比如，当孩子遭遇挫折时，和孩子进行一次长谈，表达出自己的关心之情，会让孩子感受到来自父母的深沉的爱。

实际上，对孩子爱的表达方式丰富多彩，并不仅仅限于语言，其他方式也可以，比如可以通过邮件、电话、短信表达自己的关心，一个拥抱、一个眼神、一顿可口的晚餐，亦传递出深深的爱。孩子也会心领神会，深刻感知父母对自己的爱。

把孩子的自私控制在合理范围之内

孩子的自我意识非常强，什么东西都是“我的”，什么东西都要“给我”。只有帮助孩子克服这种自私自利的性格，将他的自私控制在合理的范围之内，才会让爱心在孩子心底产生。

1. 向孩子索要爱的回报

我们常说父母的爱是无私的，父母为孩子的付出，是不需要回报的。不过，无私奉献的爱固然是伟大的，但是只懂辛勤耕耘而不问收获的爱，很容易变成一种对孩子的自私的爱与可怕的溺爱。“溺爱是父母与孩子关系上最可悲的事，用这种爱培养出来的孩子不肯把心灵献一点儿给别人。”这是一位教育家的经验之谈。

而且，向孩子索要爱的回报，并不是要孩子口头上感谢父母生育抚养之恩，而是要他们体贴、爱戴父母，愿意接受父母提出的要求和目标。例如，爸爸妈妈累了，就让孩子端杯茶来；与孩子一同上街购物，要求孩子也帮助拎一部分可以拎得动的东西。大人要明白地告诉孩子，爸爸妈妈也需要孩子回报一份爱。

2. 给孩子讲讲父母付出的艰辛

孩子的仁爱之心通常是从爱父母开始向外延伸的。而要让孩子爱父母，就需要让孩子了解父母为他、为家庭付出的辛苦。

多向孩子讲述他们成长的故事，讲讲大人为他们付出的艰辛。使孩子从小意识到自己并不是石头缝里蹦出来，也不是山上抬来的，而是爸爸妈妈一点点养大的。当然你在讲述时要自然，感情要真挚，不可让孩子觉得你在“居功自傲”，要让孩子体会到父母伟大的爱。

一位妈妈这样分享了她的经验：周末的早上，一定是我睡懒觉的时候，如果女儿起得早，那对不起，早饭自理。偶尔，女儿要在周末参加活动，需要我早起去送，我会拍拍她的小脑袋，发点儿“牢骚”：“哎呀，为了你，妈妈又少睡了一个懒觉。”女儿呢，也会搂着我懂事地回答：“那我把最好吃的糖果分几颗给你，谢谢妈妈。”

其实，没有哪一位家长在乎孩子的回报，但是却一定要让孩子明白，不能把爸爸妈妈的付出看成理所当然。

3. 坦然接受孩子的爱

事实上，每一个孩子都愿意把最宝贵的东西奉献给父母。因为一个人在被他人需要时，才能感受到自己生命的价值；一个孩子在被大人需要时，才能感受到自己幼小的生命是多么的伟大，于是感悟到一种深深的爱意。

但是遗憾的是：许多妈妈不懂得孩子心中还有这种爱的源泉，主动地拒绝了孩子们愿意为他们做的好事。而当这些最初的情感被磨灭了以后，再想用千言万语的道德说教去唤醒他们，就是不可能的事了。

所以，坦然接受孩子的爱，爱才能在你和孩子之前流转起来，进而在孩子与他人、与社会之前流转开来。

帮缺乏爱心的孩子重建爱的宫殿

如果我们发现自己的孩子缺乏爱心，这当然是一件很糟糕的事情，但也不要一味地指责孩子，这样除了给孩子带来无尽的伤害外于事无补。其实有好多方法可以助你帮孩子重建爱的宫殿，你不妨一试。

1. 让孩子自己厌恶做坏事

纽约的一栋摩天大楼的电梯按钮总是坏得很快。人们虽看见电梯按钮已经亮了，还是要再按一下才安心。管理者在电梯旁贴很多告示，都没有效。后来一位心理学家在电梯门上装了一面大镜子，就轻易解决了问题：只要一站到镜子前，原先熙熙攘攘的人群马上就变成了绅士、淑女，耐心地等候电梯。

心理学家解释说：谁都希望别人面前呈现美好的形象，很少有人会故意做出某些恶形恶状。他们出现这种恶形恶状，只是因为不知道而已。而镜子则使人们能清楚地看到自己的行为，也就促使人们表现出比较好的行为。

同样的道理，比如当孩子有暴力倾向时，父母可以用手机记录下他们的言行，或者在事后，把他们的行为模仿给他们看，把他们当时说的话说给他们听，让孩子像照镜子似的了解自己当时的不良的形象，从而对自己不良的行为产生厌恶，从而在今后彻底厌恶暴力、远离暴力。

2. 把控孩子看些什么和听些什么

孩子的模仿能力是十分强的，别让他们受到残酷的、令人堕落的、降低敏感的形象的侵蚀。例如，监督孩子们对媒体的选择——电视、音乐、电子游戏以及互联网——而且关注他的服装、语言和行为反映些什么东西。要坚持坚定的立场，让孩子远离那些对下流、残忍和暴力的外界影响。

同时，对孩子的残忍行为更要坚持立场，绝不允许孩子有任何残忍行为。期盼和要求孩子们以符合道德标准的、关爱别人的方式对待所有的人，这是使世界更美好的最好的方法。

3. 提供孩子做好事的机会

要教育孩子有爱心，你必须让孩子看看什么是爱心。孩子们不是从书本上学会为人要善良，对人要有爱心的，而是从做好事中学会的。

在家中，父母可以让孩子像做游戏一样做善事。例如，每周给他一点时间用来做善事，一周后，让他说明在什么善事上花了多少钱，通过称赞和鼓励提高孩子的荣誉感。开始的时候可能会无功而返，但是经过几次锻炼，孩子自己会找到做好事的方法。

利用存钱罐来教育孩子应该也不错。在存钱罐的外面贴上标签，比如“帮助非洲畸形儿的存款”，然后将积攒的零钱捐给慈善机构或救援机构，从而培养孩子从另一个角度看这个世界。如果能够把捐款的使用情况具体地告诉给孩子，其价值就会更加鲜明。

提供孩子做好事的机会，不仅在家里，还可以在社区里。比如：给医院儿童病房送多余的玩具、在收容所种花、或是给老年人读书。

在日常生活中体验做好事，时间一长，孩子自然就会知道什么是善良的行为了。而且，孩子小时候经历的关爱别人的事情越多，关爱他人成为他终生习惯的可能性就越大。

教子有方：有助于孩子成长的 7 句话

我爱你。处在“爱”的包围中的孩子，一方面感受爱的温馨，另一方面也自觉不自觉地学会了爱的传递，爱父母、爱老人、爱他人。

不要紧。鼓励孩子大胆尝试，积极参加各项有意义的活动，即使做错了事，说错了话，也不要紧。这样，孩子会变得很有主见。

你真棒。常对孩子进行表扬，好处是增加孩子的自信心，保持一种积极向上的心态，勇于克服困难。

别害怕。你应该常对孩子说："别害怕，有我呢"。借此鼓励孩子胆子再大一点，多上台发言，碰到老师要主动问好。

再想想。现在的孩子做事常没有耐性，碰到一点儿困难就停步不前，半途而废，或者做事毛毛躁躁，丢三落四。你不妨让孩子"再想想"，借以启发孩子开动脑筋，在学习中追求完美，不留尾巴。这样可以培养孩子锲而不舍的精神。

勤奋些。有一句话叫做"夸聪明不如夸勤奋"。因为"夸聪明"可能会让孩子变得骄傲，而一旦碰到挫折就会垂头丧气；"夸勤奋"则会让孩子认识到"勤能补拙"的道理。

谢谢你。孩子也有自尊心，同样应该得到尊重。父母应该教会孩子在得到别人帮助时，懂得说一声"谢谢你"，并懂得回报爱心，做一个对社会感恩的人。

培养孩子宽容的情怀

宽容，就是宽恕容忍。

从表面上看，它只是一种放弃报复的决定，但实际上，真正的宽容却是一种需要巨大精神力量支持的积极行为。孩子一旦有了宽容的品质，他就能容纳不同的意见，尊重他人的生活方式，允许他人犯错并给人改正错误的机会，与人和睦相处；有宽容之心的人也能较快地接受新生事物和适应事物的发展变化，表现出较强的社会适应性。

所以，大人从小就要有意识地培养孩子宽容的情怀。

有宽容的父母才有宽容的孩子

孩子最初待人接物的方式都是从父母那里学习来的，只有宽容的父母才能培育出宽容的孩子。

1. 给孩子做宽容的榜样

父母宽容、大度，遇事不斤斤计较，与邻里、同事、陌生人之间融洽相处，孩子就会学着父母的样子处理同学之间的关系，也会变得宽容、友善、乐与人处。

一次体育夏令营活动中，发生了这样一件事。由于打弹球的孩子很多，比赛活动结束后，工作人员一时疏忽，在带孩子离场时忘记了一个小朋友，后来在游乐园出口检查人数才发现少了一个孩子。工作人员急忙返回去寻找。

那个小孩因为被遗留在偏远的弹球场，饱受惊吓，当工作人员返回球场时，孩子正哭得稀里哗啦。工作人员急忙安慰，可是孩子依旧大哭不停。在游乐场门口，孩子看见了妈妈，之前稍低的哭声顿时又大了起来。

妈妈看见哭得惨兮兮的孩子，急忙询问发生了什么事。在清楚了事情的原委后，年轻的妈妈没有责怪工作人员，而是蹲下来安慰自己的孩子，并要求孩子："已经没事了。那位姐姐因为找不到你而非常地紧张难过。她不是故意的，现在你必须去安慰她一下！亲亲她！"

只见那位4岁的小女孩踮起脚尖，亲了亲蹲在她身旁的工作人员的脸颊，并且告诉她："姐姐，事情过去了，已经没事了。"

这位年轻的妈妈给孩子树立了一个宽容的榜样，在孩子幼小的心灵栽下"相互理解，宽厚待人"的种子，相信这样的言传身教定会给孩子以巨大的影响，有助于孩子建立起怜悯、宽容的美好情怀。

2. 宽容对待自己的孩子

许多父母往往可以做到宽容的对待其他人，但是对待自己的孩子却是求全责备。见不得孩子一点缺点、错误，甚至动不动还翻出陈年老帐，指责他"从小就如何如何"等等。长此以往，不仅使孩子的自尊心受到伤害，甚至失去了改正缺点的信心与决心，而且更重要的是，孩子也学会了凡事都求全责备，不能容忍别人的一点点错误，心胸狭窄。

下面是给爸爸妈妈的一些小建议：

（1）不要粗暴对待犯错的孩子

苏联教育家苏霍姆林斯基说："犯了错误在众人面前受过批评的孩子往往会变得孤独。特别不好的是，他要学好的愿望与热情淡漠了，他要做个正直的、道德高尚的人的愿望从此受到了压抑。"

因此，作为父母，我们应该本着一颗宽容心，正确对待孩子成长过程中的缺点、错误。要知道"人非圣贤，孰能无过？"就连被人们尊称为"圣贤"的孔子也曾有过错误的言行举止，更何况是正在成长中的孩子？

当孩子做错了事时，热心、细心、耐心地帮助孩子找到错误的原因和改正的方法，才有利于孩子改正错误取得更大进步。也只有这样的教育，才能培养出宽容、体贴的孩子。

（2）多对孩子说“可以”

平时不要对孩子要求太严厉，只要不是什么原则性的问题，我们都可以说“可以，没关系”，比如孩子问你“我可以玩水吗？”“我可以不吃完这碗饭吗？”你只需要给他一点建议：“可以，但要小心别把水弄到客厅的地毯上，那会很难弄干。”“如果你实在吃不下，那就不吃吧，不过这样有点浪费哦，下次你可以少盛一点。”

当然，如果孩子想做的是违反原则的事情，你也要态度坚决地说“不可以”。不过也要尽可能地向他解释这为什么是绝对不可以的。比如宝贝坚持要你买昂贵的玩具，你要明确地告诉他，这个玩具太贵，不可以买，因为家长辛苦工作赚的钱，除了买玩具还要买食物、衣服和房子。告诉他，我们可以买我们付得起的比较便宜的玩具。

（3）给孩子与你争辩的机会

当父母与孩子发生冲突的时候，很多父母的做法是：千方百计把孩子压下去。这也许维护了你所谓家长的尊严，但对孩子的成长却是不利的。

尊重孩子的想法，给孩子与你争执的机会，不仅可以加强亲子之间的沟通（争执本身就是沟通的一种方式），而且，孩子还可以在与他人的争执中，更全面、更深入地认识自我，如：“我现在究竟是个怎样的人”、“我做得好不好”等，从而逐渐达到自我身份的认同。不同意见的碰撞，也会让他们学会社会认知技巧，以及面对错综复杂的事物时的理性分析能力。同时，孩子在争辩中，为了占据上风，就要不断地把有理的一面展现出来，于是他们会重新审视自己的观点，不断自问“我对吗？”他们也会为了揪住父母的“小辫子”，来重新考量父母的想法。

其实，这对孩子来说就是个反省的过程，让孩子进一步了解自己也理解父母，将来，也就会理解他人。

让孩子与小气性格作作斗争

在家庭教育中，一直存在着一个令父母们烦恼的问题——孩子的“小气”问题。“小气”的孩子，除了具有“食物不肯给别人吃”、“玩具与学习用品等不愿借别人用”的最直接特点外，还具有如下主要特征：做事斤斤计较，爱讲条件；自我牺牲与奉献精神较差；自私自利；思想比较保守，缺乏同情心；适应能力较差；心胸狭窄，嫉妒心强；做事比较犹豫、多疑，缺乏果断性。

可见，要想培养孩子宽容的胸襟，就免不了要和孩子的小气性格作作斗争。

1. 不要轻易给孩子贴上小气的标签

在心理学中，有一种标签效应，说的是给某人贴上某种“标签”，就会使其产生与标签相一致的行为的现象。引申开来，如果孩子一旦被贴上小气的标签，他的内心对自我的认识就会出现偏差，潜意识地认为自己是小气的孩子，这也会加重孩子小气的倾向。

实际上，孩子学会分享通常需要经历以下几个阶段：

第一阶段：1 岁之前——乐于分享

此时孩子的物权概念不明显，他们乐于分享，认为这是一件无所谓的事。

第二阶段：1 ~ 2 岁——独立意识觉醒

1 ~ 2 岁的孩子有了一定的独立意识，但还分不清楚“你的”和“我的”的区别，在他们心中“我喜欢的就是我的”，需要大人们不停地告诉他，帮助他建立起“你”和“我”的界限。

第三阶段：2 ~ 3 岁——物权敏感期

2 ~ 3 岁是孩子自我构建的重要时期，也被称为“物权敏感期”。随着孩子自我意识的发展，他们开始意识到哪些东西是自己的，想要捍卫自己的权利，因此我们会看到孩子把自己玩具护得紧紧地，拒绝与人分享。对此，父母要理解、尊重他们，让孩子拥有物权安全感。培养正面的物权观念正是分享的前提。

第四阶段：4 ~ 5 岁——学会分享

4 ~ 5 岁的时候，孩子结束了“物权敏感期”，也开始进入幼儿园，接触更多同龄人，有了社交的需要。在合作游戏的过程中，孩子需要不断地体会和照顾他人的感受，分享的行为自然会越来越多。只要正确引导，孩子就会乐于分享、爱上分享。

由此可见，无论你对孩子实施了多么高明的教育，孩子都会经历一个从自我中心化到去自我中心化的缓慢渐进的过程，在这个过程中他们不断成熟，逐渐从只能关注自己到能够自我满足并有能力去关注别人。因此，当孩子不具备分享的能力时，不要轻易地给孩子贴上“小气”的标签，你能做的只有耐心地等待。

2. 让孩子感受到分享的快乐

当孩子可以从分享中得到快乐时，他自然就乐意分享了。

（1）不要强迫孩子分享

只有当分享出于自愿时，才会感到快乐，而不是来自父母或外界的压力。勒令孩子让出自己心爱的东西，或干脆替孩子做主分割属于孩子的“财产”，对孩子无疑是一种伤害。“自私”也可能因此而变本加厉。

当孩子面对分享任务时，拒绝或接受都是应该被允许的，家长应当尊重孩子的选择。或者你也可以用商量的口吻对孩子说：“等你玩完了再让给弟弟玩一会儿好不？”让孩子觉得对自己的物品有控制权，可决定什么时候可以把玩具借出，同时提醒借玩具的孩子说：“你不要弄坏它哟，这样下次姐姐才会再把玩具借给你玩。”

（2）打消孩子的顾虑

很多时候，孩子之所以不肯放手一件玩具，有可能是他最感兴趣的，他怕给了别人玩就再也拿不回来了。对此，家长应该多给孩子与同伴相处的机会，让他带着玩具和同伴交换着玩，就可以打消他的顾虑，增加他与同伴分享的经验。当孩子知道分享并不等于失掉自己所拥有的东西，还可以得到更多分享别人玩具的快乐时，自然就会主动与他人分享了。

（3）让他体会赠与的满足感

孩子的无私往往建立在自我满足的基础上。对于成人来说，赠与是一种快乐，对孩子也是如此，应该鼓励孩子将自己的一些已不太感兴趣或购买重复的玩具送给别的小朋友，当他发现他的这种赠与行为引起小朋友的注意，让老师喜欢他时，他就会变得慷慨起来，因为赠与让他有满足感。

另外，还有一个老生常谈的问题——溺爱，这是孩子很多不良品行的重要来源。不少父母主动地将好吃好穿好玩的全部让给孩子，以此来表达对孩子的重视和爱。不料，这样的行为却养出了一个个独食独占的小霸王。因此，当孩子偶然表现出分享行为时，成人就不要再说什么“宝宝自己吃”“我们不要”等话语了，这样做只能强化孩子的独享意识。

当孩子缺乏分享意识的时候，父母应该在旁边及时提醒，当孩子有分享的行为后，父母应该对孩子的恰当行为予以及时的肯定。这样，孩子的“自私自利”行为才能逐渐得到改善。

没有换位思考就没有宽容情怀

一个了解别人需求并为别人着想的人是有爱的人、宽容的人、有责任心的人，还是懂得感恩的人，要想成为这样的人，需要从小就接受换位思考的教育。让孩子站在他人的角度看问题，会让孩子体谅到他人的难处，由己及人，有助于孩子宽容情怀的建立。

1. 把握生活中的每一个教育契机

父母要将换位思考的教育融于日常生活小事中，从一点一滴开始培养，让孩子学会理解人、体谅人、帮助人，在孩子心中埋下善良、仁爱的种子，孩子长大之后，自然就会成长为一个有着仁爱之心，善于理解他人、乐于与人为善的人。

例如，教育家叶圣陶在教育儿子叶至诚时，就十分重视在日常生活中教他多为别人着想的为人处世的态度。在让儿子递给他一支笔时说：“递一样东西给人家，要想到人家接到手里方便不方便。你把笔头递过去，人家还要把它倒转过来，如果没有笔帽，还要弄得人家一手墨水。递刀子、剪刀这类东西更是如此，决不要拿刀口、刀尖对着人家，把人家的手戳破了呢？”另外，叶圣陶还告诫儿女，开关房门要想到屋里还有别人，不可以“砰”的一声把门推开或带上，要轻轻地开关，这样才不会影响到别人。

叶老的这种心境和思想值得每一位家长思考和学习。如果我们也可以把日常生活中的点滴小事都当作一次教育契机，一定可以让换位思考潜移默化地植根在孩子的心底。

2. 换位思考——“假如我是你”

经过设身处地的感受，孩子就能顺利建立起对他人的宽容情感。父母可以以自身为例教会孩子明白这个道理。如，孩子在外面玩疯了，总是忘记告诉大人自己在哪儿。大人可以这样跟他说：“假如我是你，你是我。我在外面玩而不告诉你我在哪儿，天黑了，我还没有回来，你怎么想？”也可以这样引导孩子思考：“如果自己不小心伤害了别人，而别人不原谅自己，那自己的感受又如何呢？”

如果孩子真的能从对方的角度去换位思考，那么他就会明白对方会有什么样的感受，也就可能会因此而改掉这个不好的习惯。因为每个孩子都是单纯而善良的。当他们意识到自己的一句话、一个举动可能伤害到别人，给别人带来烦恼的时候，就会觉得很不安。从而懂得体谅别人、尊重别人，逐渐培养起替别人着想、理解别人、站在别人的角度来考虑问题的好品质。

3. 陪孩子玩角色互换游戏

和孩子一起做做角色互换游戏，也可以让孩子学会换位思考。例如《爸爸去哪儿》中的爸爸张亮，与儿子角色互换，让儿子当村长发号施令，而他则扮演儿子在一旁捣乱不听话，这样儿子就能站在家长的角度想问题了，也能理解家长的不易了。

现实生活中，你可以先让孩子在想象中进行：请孩子闭上眼睛，按照父母的话去想象一下：“现在你是孩子的家长，工作很辛苦，在外面工作了一整天，周末加班到很晚，很累了，回到家里，儿子非要让你去踢足球，而你还有很多家务，房间里乱七八糟，晚饭还没有做，而儿子一点都不理解你，他执著地要求去踢足球，你怎么办？”

如果孩子的答案是：“没有什么，孩子让你去踢球，不也是一种放松吗？”你就需要实行第二步——引导孩子用行动去“换位实践”——找一个星期天，家长当孩子，让孩子做“一日家长”，安排一天的生活，而家长一切等“一日家长”安排。如做饭时，也要听“一日家长”指挥，家长按要求做。通过换位实践，再让孩子说体会时，相信你就会得到不同的答案了。

此外，还可以让孩子扮演其他角色。例如，孩子嘲笑残疾人时，你就可以让孩子在游戏中，体会残疾人的不容易。比如，蒙上他们的眼睛，让他们尝试在看不见的情况下走段路，体会下盲人的不易；或者规定他们只能用一只手拿东西、吃饭等，让他们体会手残疾人的不易等。

其实，宽容不仅体现在对“人”的态度上，也表现在对“物”和“事”的态度上。父母要引导孩子见识多种新生事物，让孩子喜欢并乐意接受新生事物，承受事物所发生的意想不到的变化，善知变和应变。如让孩子了解各种奇观奇迹，观察生活日新月异的变化，允许孩子独辟蹊径地解决问题。孩子一旦习惯于“纳新”和“应变”，他对世间的万事万物也就具备了宽容之心。

教子有方：颜色与孩子的心理

对于孩子们来说，色彩有其固定的意义。一般说来：

黄色——酷爱黄色的孩子依赖性较强，宁愿一辈子扮演小孩子角色；

蓝色——爱好蓝色的孩子则具有老大或自私的倾向；

红色——红色意味着性格较为刚烈，调皮而感情丰富；

粉色——粉色除了象征着充满爱心以外，也意味着具有高度的审美观，优雅，温柔，体贴；

紫色——紫色是爽朗的代名词，个性上较为随和，没有什么心机，具有宽容的胸怀以及极强的好奇心和上进心；

橙色——喜欢橙色的孩子个性较为活泼外向，人缘很好，但有点自我中心，不懂得体谅别人，有点粗枝大叶。

值得注意的是，如果你的孩子酷爱紫、黑、墨蓝等颜色时，就要探究其心理背景了。

把诚信的种子深植孩子的内心

无诚则无德，无信则事难成。如果父母可以在幼年阶段把诚信的种子深植孩子的内心，就是为孩子的未来打好了基础。

培养孩子诚信的品质，它既要求家长有长期坚持的耐心，与时俱进的细心，又深深扎根渗透于日常生活的琐碎点滴中，贯穿家庭生活和亲子成长的全过程。

诚实的孩子是鼓励出来的

孩子撒谎是几乎每个家长都会遇到的问题。大部分父母都会把它当作一件比较严重的事情，惩罚也相应地重一些。但简单的惩罚会让孩子认为，被惩罚的原因是谎言被戳穿了，而不是撒谎本身。结果事与愿违，这些孩子撒谎更频繁、更老练。

因此，当孩子有说谎的毛病时，你千万不可着急、气恼，更不可不问青红皂白就把孩子狠狠地训斥一顿。明智的家长会给孩子改正的机会，会耐心地引导孩子承认错误。当孩子主动承认错误时，会给予鼓励，肯定孩子说实话是好的表现，然后指出错误的危害性，让孩子在鼓励中知错改错。

1. 建立健全的“容错机制”

其实很多时候，孩子撒谎只是他的防卫表现，他害怕受到惩罚。所以，在教育孩子诚实这一问题上，你首先要检讨一下在你们的家庭中是否缺乏一种健全的“容错机制”。

有的父母在孩子有过错时，就会连骂带吓唬的说一些类似“你再不听话，不给你饭吃”，“你敢顶嘴，给我滚蛋，别回家”，“还这样打断你的腿”“再这样，我宰了你！”等等的气话。这其实就是在逼着孩子说谎。

如果我们要引导孩子说真话，而不是对自己所做的错事矢口否认，那么就必须注意我们说话的方式。你要让孩子感到，对父母讲真话并不可怕，完全可以得到父母的谅解，而不必说谎。

例如，当孩子把饭打翻了的时候，你如果说“这饭怎么会弄得满桌子都是呢，要是有人帮我把它们拣起来就好了”就比责怪他“你怎么把饭弄得到处都是？下次再这样就不给你吃了”，会收到更好的效果。

尤其是孩子主动承认错误以后，父母在处理上更应该以鼓励为主，肯定他说实话是好的表现：“宝宝告诉妈妈了，真乖。”这样，也就等于在告诉孩子，说实话的孩子才是好孩子。

此外，你还要帮助孩子找到犯错误的原因，然后和孩子一起寻求解决的办法。很多时候，失败的经验、教训更能够推动一个人的成长。高明的父母可以让孩子在否定自己的过程中看到自己的成长，体会到更深刻的成就感。

2. 用旁敲侧击的暗示去引导孩子

相信“列宁打碎花瓶”的故事很多家长和孩子都耳熟能详。

8岁的列宁，有一次到姑妈家做客，在和表兄妹们做游戏时不小心打碎了一只花瓶。

不过，当时没有人看见，因此，当姑妈问是谁打碎的时候，列宁也和其他的孩子一样说“不是我”。但是，玛丽亚·亚历山大罗夫娜——列宁的母亲，却从孩子的表情上知道花瓶是列宁打碎的。不过，她没有直接揭穿这个“骗局”，因为这位明智的母亲知道，最重要的不是惩罚，而是教育儿子在犯错误后勇于承认错误，做一个诚实的好孩子。于是，她装出相信列宁的样子，在3个月内一直没有提起这件事。

不过，母亲虽然没有提这件事，但却每天给他讲各种各样的诚实守信的美德故事。母亲相信提供充分的时间会让孩子进行自我道德评价，在内心深处萌生出羞愧感，让他自己纠正自己的谎言。而在这段时间里，母亲也确实明显感觉到列宁不如以前活泼了，似乎在受着良心的煎熬。

终于，一天临睡前，在母亲又像往常一样给他讲故事时，列宁失声痛哭起来，哽咽着对母亲说："我欺骗了姑妈，那个花瓶其实是我打碎的。"母亲听了非常欣慰，笑着安慰道："你是个诚实的好孩子，给姑妈写封信，向她承认错误，相信她一定会原谅你的。"列宁马上起床，给姑妈写了一封道歉信。

孩子们从这个故事中可以学到要像列宁一样有敢于承认错误的勇气，父母们则更要学会列宁的母亲这种引导孩子勇于承认错误的教育方式。她没有选择当面拆穿孩子的谎言的方式，而是用很多故事对孩子进行旁敲侧击的暗示、引导孩子，这是非常有艺术的教育方式。

为戒而罚，也是爱的方式

当然，为"戒"而"罚"，也是爱的基本方式之一，只要你的惩戒出于爱心，又执行得合理、巧妙，事后讲清道理，孩子会受益很大，并心悦诚服。

1. "以其人之道还治其人之身"

许多孩子只习惯于从自己的角度思考问题，而不习惯于站在别人的角度上思考问题。要消除这种现象，办法就是"以其人之道还治其人之身"。当孩子也体会到对方的感受，就能够站在对方的位置思考，能够设身处地地多为对方设想，就会慢慢改掉不好的习惯，养成好性格了。

比如，当看到别人生病疼痛时，要让孩子结合自己的疼痛经历感受并体谅他人的痛苦，从而为他人提供力所能及的物质和精神上的帮助。某地发生灾情，父母可以引导孩子："那里的小朋友没有饭吃，很饿；没有衣服穿，冷极了。想想，如果你在那里，会怎么样？我们是不是该给灾区的孩子们多捐点衣服、食物呢？"

引申下来，对于喜欢撒谎的孩子，父母也可以让他亲身体会一下被骗的滋味。例如，允诺孩子下午带他去看电影，等与孩子一起穿戴整齐，到了车站之后，突然告诉他："孩子，今天不去看电影了。"孩子的情绪可想而知，这时，你可以搂着他，轻声解释说："这就是被谎言欺骗的感觉……说真话是非常重要的，我刚才对你们撒谎，感觉糟透了，我不愿意再撒谎，也相信你们也不愿意再撒谎了，明白吗？"而且，即使孩子认错、保证，也要坚定地告诉他："今天不会去了，但以后会去。"心情的失落和沉重，一定会给孩子留下深刻的印象，并时刻提醒着他，谎言会给别人带来伤害，因为他亲身经历过。

2. 心理制裁的惩罚比打骂更管用

对稍大一点的孩子来说，很多时候，心理制裁的惩罚要比打和骂的惩罚能起到更好的效果。这是因为，孩子只要知道自己做错了事或闯了祸，都常常会产生一种内疚感或恐慌感。这两种心态纠合在一起，会形成孩子做错事后强大的心理压力，促使他反思和改正自己的错误。这时，如果父母真的对孩子斥责和惩罚一番，反而起不到这样的效果。

其实前文中提到的"列宁打碎花瓶"的故事中，母亲对列宁也用到了"心理制裁"的方法。

"心理制裁"的方式还有很多，由轻到重包括以下几种，各位家长可以用作参考：

（1）不予注意法

对孩子不符合父母正确期望的行为，比如骄傲自满等，采取"不予注意"的态度，视若不见，听若不闻，取消对其赞扬、鼓励，使其情感上"被疏远"，行为上"被轻视"。这会使孩子心理上由焦虑发展为对自己的动机、态度和行为的反省，进而醒悟自己的过错。当然这不是放任自流，而是等孩子感受到父母的"心理制裁"后，再顺势加以教育疏导。

（2）"冷冻"处理法

当孩子犯了错误却任性娇气时，父母有意识地"冷冻"气氛：表现出冷淡的神情，冷眼盯视，甚至连冷淡的话也不说。这种"冷冻"式的"心理制裁"具有"此时无声胜有声"的效果，能使孩子的哭闹变得无效，发脾气受到冷遇，促使其心理紧张并开始"收敛"，为父母下一步施教创造条件。

（3）严肃注视法

就是在孩子做错事后，本来应当批评，可是盯着孩子一言不发。这种引而不发、导而不牵的方式，可以促使孩子“内心的道德法庭”对自己进行审判。

有位父亲发现儿子缺课去玩电子游戏机，就到游戏机房找到他，严肃地盯着他，一言不发。儿子马上背起书包上学去了。一连两天，父亲都闷声不响，儿子则心事重重。第二天，儿子放学回家，对父亲说：“你什么时候骂我一顿啊？”父亲说：“你这几天不去玩电子游戏就行了。”说得儿子低下头自我批评：“爸爸，我错了，以后保证不缺课了。”

（4）承受后果法

这是法国教育家卢梭提出来的教育方法，是当孩子在行为上发生过失后，父母不给予另外的批评和惩罚，而是让孩子自己承受行为过失造成的后果。这样可以让他更加深刻地认识到自己的错误，从而引起悔恨并加以改正。当然，这种后果必须是不很严重，孩子能够承受得了的。

教子有方：九句话教你冷静做父母

你将下面的九句话打印出来，贴在家中一眼看见的地方，它会慢慢让你冷静下来。

（1）这世上只有她会喊你“爸爸”/“妈妈”。他是比你的眼睛还要珍贵的宝贝，你要珍惜她、爱护他，而不是去伤害他。

（2）控制打孩子的欲望。

（3）别把自己孩子当神童。

（4）别拿孩子跟班级表现优秀孩子相比。

（5）要允许孩子犯错误。

（6）不要张扬孩子的缺点。

（7）要多与孩子聊天，知道她的心理需求。

（8）要学会理解孩子。

（9）欣赏孩子的优点。

第九章 打造财富力

——让财商跟着孩子个头一起成长

“授人以鱼，不如授人以渔。”

——《淮南子·说林训》

财商教育不仅仅是大人的事

我们都知道智商、情商、德商，这些“商”很重要。其实，生活中，孩子还必须具备一种新的能力，那就是“财商”。

财商，就是一个人认识金钱和驾驭金钱的能力。《富爸爸，穷爸爸》的作者罗伯特·清崎曾对财商下过这样一个定义，他说：“财商与你挣多少钱没关系，它是测算你能留住多少钱以及让这些钱为你工作多久的指标。”进而，他说道：“随着你年龄的增加，如果你的钱仍然不断给你买回更多的自由、幸福、健康和人生选择，那么就表示着你的财商在增加。”由此可见，培养孩子的财商是十分重要的。

理财，不只是大人的事

生活中，大人在谈论金钱或处理金钱问题时，往往有意无意地避开孩子，认为理财是大人的事情，孩子只需要伸手要钱就行了，其余的都是长大以后的事情。

其结果呢？孩子要么成为财务自然主义者，要么被钱牵着鼻子走或对钱无能无知。

其实，理财不只是大人的事，相反，理财教育还应该是越早开展越好。受到良好金钱观教育的孩子长大成人后，才能对金钱抱有正确的心态，处理好人与金钱的关系。北京师范大学从事青少年心理研究的一位教授就认为，孩子金钱观的萌芽期是在6岁以前，形成期是在6 ~ 12岁，

12 ~ 18 岁是发展期。美国教育心理学家认为 5 ~ 14 岁的小孩就能对自己的人生和未来做出许多重要决定。14 岁以后，家长和老师让他们接受新的观念就常常面临“江山易改，本性难移”的局面。

因此，如果你希望自己的孩子终生幸福而且不为金钱问题所扰，就应在他们幼年时开始培养他们的财商。

财商教育应分段进行

和所有家庭教育一样，财商教育也要按照客观规律循序渐进地进行，既不可揠苗助长，也不要错失最佳时机。

以下是孩子在不同年龄阶段财商的发展情况：

3 岁：通常在 3 岁时，孩子已经形成了对金钱的基本概念，会辨认钱币，认识币值；

4 岁：可以学会用钱买简单商品；

5 岁：明白劳动才能得到报酬；

6 岁：能数较大数目的钱，学会攒钱；

7 岁：会观看价格标签，并与手中的钱做比较；

8 岁：懂得在银行开户存钱，并能想办法自己挣零花钱；

9 岁：可以制订自己的用钱计划，并能和商家讨价还价；

10 岁：懂得节约用钱，在必要时可购买较贵商品；

11 岁：开始有品牌意识，能发现价廉物美的商品，并有打折、优惠的概念；

12 岁：有一定的理财能力，懂得珍惜钱，有节约观念；

12 岁以后：孩子的理财意识已逐步形成，完全可参与成人社会的商业活动和理财、交易等活动。

财商教育不能刻意灌输

随着时代的发展，其实很多家长已经认识到了财商教育的必要性了，但是，正所谓“知易行难”，对于如何系统地对孩子进行理财教育，把很多成人都不太清楚的经济知识，有趣地讲解给孩子听，提供孩子理财的机会，却是感到头疼。

实际上，财商的培养不是一天两天的事，它是一个系统工程，几乎贯穿人的一生。对于幼小的孩子而言，我们不能以某种特定的方式刻意灌输给孩子，而是要渗透在日常生活中。通过生活中点点滴滴的细微小事，让孩子逐渐形成有关钱的价值、来源、作用以及如何正确花钱的朦胧意识。

例如，对于即将上学或升学的孩子，可以趁着为他举办一个热闹入学派对的时机，促进孩子理财技能的发展。要花多少钱购买派对用的美味点心？要花多少钱为每位来宾准备一份贴心的小礼物？要花多少钱……这个过程要带孩子全程参与。孩子逐项分解费用的过程，其实就是一个非常好的财务项目案例。这次教育会对以后的生活有非常深远的影响，一直到孩子筹备自己的婚礼，他都会应用在此中学过的知识，轻松解决问题。

总之，相信通过父母自身的言行和对孩子的细节引导，孩子的财商能力一定会在潜移默化中得以增长。

教子有方：别跟孩子说“买不起”

尼尔·古德弗雷在他的《钱不是长在树上的》一书中说，家长一定不要对孩子，在金钱问题上说谎。比如，你不想给孩子买他们想要的东西时，可以说“这个月我没为这样东西做预算”，或者直接告诉他“我不准备买这东西”，而不要用“我们买不起”作为搪塞的理由。因为你要在孩子面前表现出，你在控制金钱，以帮助他树立起对金钱的健康态度。

而且，更重要的是，如果父母传递的总是生活的沉重和缺钱的窘迫，孩子由此得到的内疚感和自卑感最终会毁掉他们的梦想。更无法正确把握自己和金钱之间的关系，要么为了钱不择手段，要么赚不到钱就更加沮丧。

给财富不如给财富观

现在的父母总是在物质上给孩子的太多——给他金钱让他挥霍、留下遗产让他继承，但这并不足以让孩子一生幸福。套用网上的一个段子来说就是：“二十年后，你把现在的房子给孩子，孩子会说太旧了。二十年后，你把现在的车子给孩子，孩子会说别逗了。二十年后，你把现在的钱给孩子，孩子会说不值钱了。”所以，与其自己日夜打拼，加班加点替孩子攒钱，不如现在教会孩子学会节约，学会理财，自己给自己攒钱。给孩子一个好的理财观念，比为他们留下任何财富资产都好。

节俭的观念永不过时

在新上市的股票可以一天涨好几倍的时代，高谈节约似乎有些奇怪。但当你重新审视真正的富豪，会发现历经千锤百炼的古老法则似乎仍是致富的金科玉律。例如，世界最大的零售业集团——沃尔玛的创始人塞姆·瓦尔通，在其自传《美国造》一书中这样警告他的后代：子孙当中要是有谁胆敢玩弄纨绔子弟的那类奢侈品，我到地狱里也要起诉他。足见他对奢靡厌恶之深。

事实上，不管到了什么时候，节俭的观念都不应该过时。虽然现在家庭生活相对比较宽裕，大多数人都不缺吃，不缺穿，不愁没钱花，但这并不意味着我们就应该随心所欲的支配或挥霍。物足其用则可——俭朴可以使你在最大程度上享用生活，没有必要为了满足自己或他人的虚荣心而任意奢侈浪费。

但节俭习惯的养成，可不是一朝一夕的事情，这是一个日积月累、循序渐进的过程。在这个过程中，大人需要不断地给予孩子鼓励、引导和支持，还应该通过种种途径，让孩子体会劳动的辛劳，财富来之不易。孩子明白了父母的艰辛，才会真正懂得美好的生活来之不易。这样，既能让他更有孝心，又可以激发他的上进心，为了不让父母更辛苦，他会努力学习，回报父母。

爱心远比金钱重要

节俭不是吝啬，该用的地方也要大大方方地用。

现实生活中，我们时常见到这样的现象：好多人富得流油却为富不仁，充分表现出文学著作中描写的钱越多越是一毛不拔的势力嘴脸。可我们也见到许多并不富裕的人却闻困苦而落泪、见贫寒而伤神，奔走于各种慈善场合和捐款场所的温暖场面。这其中也反映了一个人财商的高低。正如李嘉诚所言："如果我们只是一味追求金钱和权力，而置人类高尚情操于不顾的话，那么，一切进步及财富创造都将变得毫无意义。"

因此，在我们培养孩子的金钱观时，一定不要忘了培养孩子的爱心，让孩子了解爱心远比金钱重要的道理，也是财商教育的一项重要内容。

例如，妈妈可以带孩子参与一些捐助活动；在家庭组织集体活动时，让孩子作为一分子也得出点钱；再有，长辈过生日之类的家庭庆祝活动，也让他自己掏钱购买礼物馈赠等等。这样，爱心，便会成为孩子身上一笔巨大的财富。当手中的金钱成为帮助他人的工具时，他们所收获的不仅是心灵的纯洁与温暖，还有使其一生都乐观、豁达、自信的力量，这能帮助孩子获得成功，并品味出财富人生的真正意义。

富有不是理所当然的

对于孩子来说，他得到的钱一般都是不劳而获的，是父母、亲朋好友以各种的名义送给孩子的，比如压岁钱呀，生日礼物呀，过节费呀，成人礼呀等。这些钱来得很容易，孩子就很容易出现花起钱来大手大脚，不知道珍惜物品，对父母缺少感恩之情等不良的后果。

所以，在孩子最初知道钱能买东西时，父母就应该有意识地告诉孩子金钱是通过父母的辛勤劳动换取的，父母要用这些钱来养家糊口，钱里有父母的辛劳，将来孩子长大了，也同样要承担养家的重任。如果是亲朋好友送的，则要让他明白，这些礼物将来他是要还的，并非人家天生就该给他。

不仅如此，父母还应该引导孩子学会劳动，获得一定的金钱回馈，让孩子懂得一分耕耘一分收获的道理例如：你可以把家务按劳动强度分成不同的价格，如扫地 0.5 元，洗碗 1 元等，每月发一次“工资”，时间长了孩子就能买一两件喜欢的用品或玩具。建议用这个方法时，家长先限定一个时间段，比如暑假、半年或一年。锻炼孩子的同时，要让孩子珍惜这种用劳动赚钱的机会，设定时效性也能教育孩子不能事事用钱来衡量。他也是家庭中平等的一员，平时帮家中做一些力所能及的事情也是理所当然的。

这样做不但能够使孩子知道金钱是从哪里来的，还能够培养孩子的劳动意识，使孩子知道珍惜金钱，避免孩子胡乱花钱，还能够帮助孩子学着用劳动赚取金钱，提高孩子的生存能力。

教子有方：让游戏带孩子进入陌生的财务领域

其实孩子的很多知识都是在游戏中学会的。通过做游戏，孩子能非常放松地、并且十分投入地进入他们陌生的财务领域、通过激发他们视、听、触觉，让他们真正对理财能力的学习产生兴趣，而兴趣就是最好的老师。

因此，父母要善于设置理财游戏，让孩子的理财能力在玩耍中得到提高。下面是一些有益于培养孩子财商的日常活动及游戏，希望给父母们带来一些帮助：

拿不同面值的钱币让孩子认一认、数一数；

和孩子玩超市收银员的角色扮演游戏；

带孩子去超市购物；

为孩子准备一个精美的储蓄罐；

让孩子通过做家务、打零工来挣零花钱；

教他与小朋友交换玩具；

带他一起修理玩具、改造和利用废旧物品；

带他去图书馆借书、乘坐公交车；

带他参与跳蚤市场的交易；

带他参加义卖、捐赠等活动；

……

当然，你也可以根据自家情况和孩子的个性加以改进和利用。但目的只有一个，那就是让孩子在这个过程中逐渐开始接触预算、储蓄等等基本的理财方法，养成良好的理财习惯，形成正确的金钱观与价值观，为孩子以后进入社会做好充足的准备。

实践是理财最好的学习途径

如果你想学游泳，却不敢下水，那自然学不会。理财也是一样，作为一种能力，理财最好的学习途径就是实践。通过实践让孩子获得亲身体验，让孩子了解钱的来源，清楚钱的价值和用途，知晓正确的消费观念，懂得将钱用在正确、合理的地方，并学会储蓄。

学花钱：给孩子支配金钱的机会

这里的“花钱”并不是我们通常意义上的花钱，而是指花了100元钱，得到了150元甚至更高价值的商品；更有些深谙花钱学问的聪明人，花了1元却挣了10元。在不放弃生活的享受，不降低生活的品质的前提下，“花最少的钱，获得更多的享受”，这正是“会花钱”者的过人之处。

而这一点也正是少年儿童所欠缺的能力。孩子的通病之一就是乱花钱，不懂得计划，不知道节制。帮助他们处理好这个问题便是理财教育的重要内容之一。

1. 给孩子适当的金钱支配权

很多父母担心孩子乱花钱，往往会“剥夺”孩子支配金钱的机会，孩子要买什么东西，先要经过大人审核，审核通过了，再给钱。孩子们手里的压岁钱，父母也要统统收回，并说：“压岁钱由父母来帮你保管”，这样做，固然防止了孩子乱花钱，但带来的弊端更大，孩子会因此养成要花钱就伸手，一有钱就赶快花光的习惯，更为严重的是，导致孩子缺乏对消费的规划意识，财商会形成短板。

因此，大人应该抛弃过时的观念，有对孩子进行财商教育的意识，给孩子适度的经济自由权，让孩子有机会管理、使用自己的零花钱、压岁钱和其他财产，而不要把钱捂得死死的。

（1）零花钱的发放技巧

定额定时给孩子零花钱。大人可以根据实际情况，在一定期限内，给孩子一定数目的零花钱。这个期限和数目相对是固定的，这样有利于孩子制定开支计划。不过，这并不意味着你就完全不用过问，关注孩子把钱都花在了哪里，才好对孩子不合理的消费行为及时提醒并纠正。

但是，如果孩子不节制，提前将零花钱花光了，原则上，大人对孩子再要钱的行为一定要坚决说“不”，同时让孩子明白：钱已经给你了，你有权以任何方式用掉它，如果用光了，就应该为自己的盲目消费买单。

让孩子自己赚零花钱。家长需要让孩子明白会花钱，也要会赚钱的事理。你可以教孩子一些简单的赚钱途径，比如大人可以以孩子的名义在银行开一个账户，鼓励孩子把钱存入银行赚取利息；可以让孩子做一些力所能及的家务活，然后给予孩子适当的报酬，还可以鼓励孩子做一些兼职，总之，要让孩子懂得赚钱的道理和途径，为孩子将来的投资理财打下良好的基础。

（2）压岁钱的处理原则

一定要加强引导。孩子的年龄毕竟比较小，很难做到合理地支配，因此父母一定要在孩子压岁钱的支配上加强引导。可以拿出一小部分让孩子自由支配，让他买点自己喜欢的“大件”物品，如比较贵重的玩具，自己喜欢的书籍等，但也要事先征得家长的同意。其他的可以与孩子商议其独立账户必须保留的金额的底线，然后一起制定短期的储蓄和消费目标。

和孩子协商处理。不管是存入银行还是交给爸妈保管的那一部分，在压岁钱的支出上孩子也有权参与其中。其用途可以是作为孩子学费、文具费、小饭桌费用的开支，也可以作为假期旅游的费用，或者是家庭添置大件物品时，让孩子承担一部分，可以在长辈过生日的时候给他们买礼物送上一份祝福，培养孩子的责任感。如果是存入银行，存款可选择一年，到期后陪孩子取出来，故意让他核算一下银行给利息对不对，让孩子知道货币时间价值和钱能生钱的道理，同时告诉孩子今年压岁钱再加上取出来本金和利息，放在一起再存一年收益会更高。

2. 帮孩子分辨“需要”和“想要”的差别

早一点开始帮助孩子分辨“需要”和“想要”的差别。不论现在或以后，他们处理本身财务的大部分能力，都取决于对两者差异的了解而定。

对于孩子来说，他们往往搞不明白“需要”和“想要”有什么区别。他们会说：“我需要一个饼干”或者“我需要看电视”。他们被那种急迫的感觉攫取，并认为这种感觉是生理需要——除非你告诉他们二者的区别，大多数孩子一直会延续这种想法。把钱花在“想要”的事物上纵然既美妙又快乐、既有趣又重要，但是身为父母，你有责任教导孩子“需要”的才是应当优先满足的。

在这个过程中，关键的一步是大人自己要清楚二者的区别，然后利用每个机会把这个信息传递给孩子。

“需要的”包括基本生理上的需求(好比食品、水、空气)，还有适度的关心、爱抚、智力上和体力上的刺激，以及锻炼能力的机会。孩子需要的东西应该享有最高优先权，应该尽快给予满足。孩子饿了，不给吃的，或者孩子害怕，不给安抚，这都不能为孩子建立正确的内在价值观，并且也无益于孩子的长期成长。

“想要的”是除了以上范畴之外孩子渴望得到的一切。可能是想要买的某件东西，或是想吃的某种食品，或是让父母在某件事上听自己的话。有些想要的根本不应给予满足，比如孩子没有必要收集电视广告上所有花里胡哨的玩具。而有些想要的东西是合理的，可以在提出要求的基础上给予满足。比如让你孩子“挣到”，至少是“等到”他们心仪的东西，这样你给他们一个体验延迟满足的机会，从而他们会更注重内在价值。

有一个简单的方法就是让孩子写个清单，把所有想要的东西都写下来。在特定的时候，你可以让他自己从清单里挑一样他想要的礼物。这样一来，孩子不但学着把愿望分出轻重缓急，而且认识到等待是接受礼物的一个必要步骤。

3. 帮孩子制定并执行一个财务预算

制定财务预算的目的就是要进一步让孩子懂得，花钱也有责任。在自己的收入范围内要保证自己始终有足够的钱，而避免那种因买太多想买的东西而无法付款的尴尬，方法就是作一个预算表，它是管好钱、有计划用钱的基础。只要按预算行事，就可以保证有足够的钱坦然应付自己的开支。

由于孩子年龄还小，可以每周制定一次预算。列表时，可以遵照下列 5 个步骤：

步骤 1：列出每周从各种渠道获得的收入。仅仅计算正常可靠的收入，比如每周的零用钱和从固定的工作中挣来的钱。

步骤 2：列出每周必须要花费的钱，比如公共汽车票、学校用的文具和午餐等。

步骤 3：列出想要但还没动手的东西的清单，包括看电影，或者是买点心和录音带。

步骤 4：现在列出想攒钱购买的东西。

步骤 5：从收入中扣除必须花费的 (见步骤 2)，剩下的就是可以花或可以攒的钱了，这就是孩子的每周预算。

一旦孩子做出了预算，重要的是执行。这需要孩子付出许多努力，包括克制。这里还有一个可以帮助孩子坚持执行预算的小办法。找四个空的玻璃瓶或塑料瓶，在上面分别贴上必需、其他花销、攒钱和捐赠字样的纸条，把它们放在孩子的衣柜里或桌子上，每周让孩子将他的钱分成 4 份分别装进瓶子里，在用钱时根据用途从相应的瓶子里取钱，这样就不会因混淆而超支了。

学赚钱：让他们接触现实生活

很多父母觉得“再苦也不能苦孩子”。其实应该恰好相反，“吃得苦中苦，方为人上人”。因为一个人如果没有吃苦的精神，就不可能通过努力奋斗，获得成功。那种只想靠父母荫蔽，想仰赖别人鼻息的人，在未来的社会中是很难有立足之地的。因此，想要让孩子将来不吃苦，妈妈就要让孩子从小学会吃苦。

1. 让孩子体会赚钱的不易

孩子有大手大脚花钱的坏习惯，就是因为他们不知道父母的辛苦和付出，不要把孩子养在温室里，让他们接触真实的生活，让他们体会一下爸爸妈妈的辛苦和努力，他们就会明白美好生活的来之不易，会更懂得节俭，懂得感恩。

有这样一个真实的故事：

一位年轻的妈妈带着刚上小学的女儿去逛街。在一个繁华的路口，一位老爷爷正在卖《北京晚报》。妈妈从口袋里掏出5元钱交给女儿，让她去买10份晚报。孩子买回晚报，妈妈让她按原价把晚报卖出去，看要花多少时间才能卖完。

孩子在妈妈的帮助下，费了几个小时才把10份晚报卖出去。然后，妈妈又让孩子去问卖报的老爷爷，卖一份报纸能赚多少钱。孩子从老爷爷那里打听到，卖一份报纸只能赚几分钱。她算了一笔账：花这么长时间才赚了几毛钱。孩子忽然理解了妈妈的良苦用心，明白了挣钱的不易，于是主动对妈妈说："妈妈，我以后再不会随便花钱了，挣钱太不容易了！"

如果孩子不知道家长是如何靠辛勤工作给家里挣钱的话，那么他们就不会把金钱与工作紧密地联系起来。因此，你可以偶尔带着你的孩子去上班。当你的工作量不是太大时，带孩子去你的工作单位看看，能让他们有不小的收获。如果你的工作单位在正常办公时间，不欢迎孩子们来访，那么你可以在周末抽空带他们前去。

2. 让孩子体会工作的意义

或许很多家长还没有意识到，你们的工作态度与工作道德对孩子会造成怎样的影响。喜爱工作、以把事情做好为傲，愿意分担部分问题以及分享成功喜悦的父母，培养出的孩子才容易觉得工作令人兴奋并且值得。而抱怨上司、公司、职务和薪水的父母，可能会使孩子对工作心存怀疑。有的孩子长大后逃避家族的事业，是因为经常听见父母的抱怨，所以他们怀疑一件造成那么多惊惶、烦扰和苦恼的事，怎么可能会富挑战性、令人感到兴奋而且值得去做呢？

然而，在每个人的工作经历中都有沮丧的时刻。就算不说，孩子们也能察到你的苦恼和疲惫。那么，此时父母应该如何向孩子“传达”正确的态度呢?

（1）向他们解释你的问题

如果你对自己的工作感到失望，向他们解释你的问题是很重要的。他们会想要知道你为何不放弃。你的回答可能是：其中仍有令你满意之处——薪水、安全感或者希望这份工作能为你带来报酬更好的工作。这些都会对孩子形成鼓舞。

例如，一位整日在电脑前忙个没完的母亲这样对她的孩子说：“有些时候，每当夜深人静之时，守着电脑工作一天的我疲惫不堪，心里也非常烦躁，这是因为我宁愿整天和人打交道，而不愿整天和机器打交道。但我相信，有朝一日我会找一份更适合我做的工作。”

（2）让他们知道要为自己负责

我们还应该让孩子明白，他们将来要为自己的前途而不是为父母去从事工作。例如，当孩子做作业马马虎虎时，我们可以趁机告诉他：“你必须自己做决定，如果你写得浮皮潦草，对与不对姑且不说，老师可就要嫌你懒，对你发火，或者给你低分了。现在你觉得不重要，可到了你真正会做事的时候，觉得重要就晚了。你要记住，每个人都希望自己的所作所为能得到别人的赞许，可获得赞许的唯一办法就是认真对待工作。如果你认为它们无所谓，不在乎，当然，我和你妈妈（爸爸）不会因此失业，受损的只有你自己。”

（3）让他们在家务中体会

让孩子理解工作和体会工作的最好途径是教孩子做一些家务活。孩子的收获除了学会勤奋和坚韧外，更重要的是能养成一种凡事都愿做、爱做和能做的可贵品质。这样的孩子将来才能热爱工作。

给孩子一些他们不喜欢的活儿：孩子就会理解：一个人干的活儿并不都是他喜欢干的，有些活儿只是为了达到某种目的而必须干的。对三岁的孩子，这可能意味着：“如果我们一起把玩具收拾干净，我就有时间给你讲故事了。”对五岁的孩子可能意味着：“如果你每晚把自行车放进存车处，车就不会生锈了。”对九岁的孩子可能意味着：“如果你帮我浇浇花草，省我点儿时间，星期天我就可以带你去看足球赛。”并且还需要让他们懂得：未来的工作只是现在家务活的一种延续。所以，为了将未来的工作干得更出色些，就必须积极参与一些家务活。

给孩子一些他们感兴趣的活儿：要让家庭中的每个成员平均分担家务，而不要只把重活和我们不喜欢干的活交给孩子。让每个孩子都有机会做些他们感兴趣的事，像做上一顿饭啦，计划一次家庭野餐啦，或到超级市场买些东西啦等等。一位美国的母亲说：“孩子满五周岁时，我们就开始按上面说的办，你实在想象不到五岁的孩子居然能做出那么精美的饭菜来。”

另外，父母们还需要鼓励孩子按照自己的意愿和想法去干。如果我们每天逼迫他们去干自己认为完全不必要的事儿，反倒不利于孩子了解工作的重要性。因此，我们一定要抛弃旧观念，在家务活儿上少些责骂，多些要求和期望——使孩子们从他们乐意干的事情中学到东西。

如此，孩子才会懂得要想真正做个人，快乐地活着，就必须工作，不管是自己所喜欢的，还是个仅能谋生的差事。

学储蓄：给孩子开一个银行账户

任何人都不能挣钱马上就花，必须学会为未来打算，未雨绸缪，或为某一特定目的积攒一定的钱。这就涉及了财商教育的一个重要方面——储蓄。

1. 从小给孩子准备储蓄罐

在孩子很小的时候，父母可以先帮助他们树立储蓄意识。给孩子准备储蓄罐就是最好的办法。因为当孩子长到 3 岁的时候，他已经萌发了花钱的念头。这时家长就可鼓励他们把自己的零花钱储存起来。这个很具体的存钱过程，就是孩子开始有储蓄概念的开始。

（1）让孩子自己选择储蓄罐

由于孩子年龄较小，不妨利用他的好奇心和求知欲来助他养成储蓄的好习惯。你可以让孩子自己选择一个他喜欢的储蓄罐，或者给他们一个或几个有创意的存钱罐。比如可以是孩子属相的存钱罐，让孩子更有亲切感；也可以是高科技的迷你ATM柜员机储蓄罐，可以存款、提款、设置、_查询余额、修改密码等等，简单的操作步骤让孩子的储蓄变得很有趣。

让孩子在存钱罐的诱惑暗示下，享受到积累带来的成就感和满足感的，自然就养成了孩子自觉储蓄的好习惯了。

（2）最好准备3个储蓄罐

在美国畅销书——《孩子，天上不会掉馅饼》里，作者戈弗雷在谈到储蓄原则时指出：孩子们可以把自己的零花钱放在3个罐子里。

第一个罐子里的钱用于日常开销，购买在超级市场和商店里看到的“必需品”。

第二个罐子里的钱用于短期储蓄，为购买“芭比娃娃”等较贵重物品积攒资金。

第三个罐子里的钱则长期存在银行里。

这种分类储蓄的办法很有条理地分清了零花钱的用途，更利于孩子养成良好的储蓄和理财习惯。

2. 给孩子开一个银行账户

当孩子长到6岁以后，已经可以懂得，银行并不是要拿走他们的钱，而是把他们的钱安全地保管起来，并且还会给他们支付利息。这时开启他们的理财观念培养是正当其时的。

（1）让孩子有储蓄的意愿

让孩子愿意把一部分自己积攒的钱拿到银行存起来，孩子对于储蓄的学习才能系统、全面地展开。因此，我们首先要让孩子喜欢存钱这种行为。

储蓄实质就是延后满足。如果孩子了解把钱存起来，是为了以后买他们真正想要或需要的东西，他们就会喜欢存钱。举例来说，当一家人开诚布公地讨论他们要如何存钱买一辆新车，而且为了达成这个目标，他们要如何节省开销时，孩子或许无法马上了解其中的关联。但是几个月后当孩子们看到停在车道上的那辆簇新、闪亮的红色轿车，看见家人为此兴奋无比时，他们就可以察觉出来车和家人过去几个月尽量不去麦当劳之间的关联了。

这样，当孩子手里有了一些压岁钱或零花钱时，家长就可以带孩子到附近的储蓄所办张零存整取的储蓄单，鼓励孩子把一部分自己积攒的钱存起来了。

（2）支配权要交给孩子

多数家长即使让孩子拥有存款，却完全不给他们支配权，往往孩子要买什么，妈妈认为不必要，便极力阻止，徒然留下不好的沟通经验。

当然，对第一次拥有这么多金钱的孩子，大人必须及时地作出指导，并充分予以关注。但你要做的只是给建议，支配权还是要交给孩子，毕竟孩子未来还是要自己决定如何支配金钱。

因此，即使你发现孩子胡乱购买不需要或不合算的物品时，一开始也许不必大动肝火而对孩子横加责备——权且把它当作孩子学本领时必须付出的“学费”吧！事实上，绝大多数孩子一开始出现的“消费膨胀”心理，在经过一定时间的自我反省和大人帮助后都会恢复到正常状态。

具体来说，父母可与孩子商议其独立账户必须保留的金额的底线，然后一起制定短期的储蓄和消费目标：开始时可能仅是小目标，一般只需储蓄几个星期便能大功告成；此后可转向较大目标，须耐心储蓄几个月才能实现夙愿；最后上升至更大的须储蓄上一年半载的大目标。要是在这段时期孩子受到其他东西的诱惑而没能“挺住”，那么他就必须为自家的或合理或不太合理的花销负责。换句话说，责任人不是父母，而是孩子自己！而更重要的是，孩子从中可学到一种宝贵的责任心，领悟到一种辨证的得失观。

另外，还要做到存钱、取钱都让孩子自己做，这才能真正锻炼孩子的能力。而且，能掌握个人存款的小孩，会觉得自己至少能掌握生活中的一部分。没有这种感受的小孩，可能会因为对自己要存多少钱和为什么目的存钱没有发言权，而对整个存钱进行过程失去兴趣。

学借贷：做孩子的“债主”

2016年，某在校大学生因债务缠身无力偿还而跳楼自杀，以及大学生裸贷事件曝光之后，让很多家长对自己孩子的未来忧心忡忡。

其实，如果孩子在很小的时候就养成了良好的信用借贷习惯，在借钱之前他们就会反复考虑："为了借到这个东西，我使自己背上还债的负担，值得吗？"那么，他们长大后就能从容地应对这个到处是信用消费的社会，他们在人生道路上就会尽早地获得经济上的独立。

1. 让孩子学会延后享受

所谓延后享受，就是指延期满足自己的欲望，以追求自己未来更大的回报。关于这一点，不妨学学犹太人的教子方法。

我们常说犹太人是世界上最富有的，一部分是因为他们聪明，其实很大一部分正是因为他们有一套非常有用的财商教育方法：培养孩子延后享受的理念。他们会告诉孩子："如果你喜欢玩，就需要你去赚取所需要的自由时间，这需要良好的教育和学业成绩。然后你可以找到很好的工作，赚到很多钱，等赚到钱以后，你可以玩更长的时间，玩更昂贵的玩具。如果你搞错了顺序，整个系统就不会正常工作，你就只能玩很短的时间，最后的结果是你拥有一些最终会坏掉的便宜玩具，然后你一辈子就得更努力地工作，没有玩具，没有快乐。"

那么，在日常生活中，我们就可以这样做：比如面对一定要买某个玩具的孩子，可以鼓励孩子将零花钱攒起来再买，在攒钱的过程中，别忘记对达到某一里程碑的孩子——比如攒了 10 元后——给予鼓励，让孩子享受攒钱的过程，还能让孩子延期购买。

2. 做做孩子的"债主"

习惯信贷的孩子，成人之后很容易掉到信用消费的陷阱里而不能自拔。要么被债主追着讨账，要么做太多的抵押，要么让每一张信用卡都透支，总之，弄得自己的经济生活入不敷出。那么，为了预防这种情况的发生，你不妨让他现在就体会一把"负债"的滋味。这里的"债主"不是别人，而是你。

做孩子的"债主"时，需要注意几点：

（1）和孩子签订一份正规的借贷合同

当孩子想买一些意义不大的东西时，你可以引导孩子向你借钱（当然，如果孩子主动向你借钱，就更应该坦然地做他的"债主"了），并和他签订一份正规的借贷合同，然后把钱借给他。

（2）最高借贷额以两个月的零花钱为限

给孩子的最高借贷额不应超过两个月的零花钱，如果你每个月给孩子 30 元为零用钱，那么给他的最高借贷额就是 60 元。

（3）还款期限不宜太长

还款期限应以两个月为宜，如果把还款时间拉得太长，很可能影响孩子的生活和学习。

（4）不允许孩子抵赖欠款

这一点可以说是整个借贷过程中最重要的。父母借钱给孩子的一个重要借贷原则就是让孩子必须归还借款，而且在规定的时间内归还。所以，当你想向他们收取欠款时，不要接受任何不还钱的借口，不应该让孩子养成拖欠甚至抵赖的坏习惯，否则，他们就不会深刻认识借贷是一项严肃的责任，如果大人妥协了，一切都失去了意义。

在孩子“负债”的过程中，他一定会体验到借钱买东西，然后花上几个月还债的感受；他会明白债务是一种严肃的责任，他会知道不得不为自己早已失去兴趣的东西而还债是什么滋味。而且，他们为了按期还钱，一定不得不放弃本想购买的东西，这种感觉会让他们觉得痛苦。但恰恰因为如此，以后他们再想借钱买一些意义不大的东西时就会更加谨慎了。

教子有方：给孩子多少零花钱合适？

不同阶段的孩子花销需求是不同，所以零花钱的额度应该随孩子年龄增长合理递进，不能一个标准用十年不变。

以中等经济水平家庭为例，5 岁左右的孩子每次 2 ~ 5 元；孩子上小学后除固定餐饮交通费，每次 10 ~ 15 元；到了小学高年级可以提升至每次 20 元；至于上中学以后，可以教导孩子做出预算，然后父母与孩子讨论，商量出双方都接受的金额。

事实上，即使家庭比较富裕，或者比较困难，零花钱的额度也不要远高于或远低于他的同学和小伙伴。

附录一：激发孩子潜能的 60 句话

1. 孩子，你一点也不笨。

2. 别怕，你肯定能行！

3. 你将会成为了不起的人！

4. 只要今天比昨天强就好！

5. 你一定是个人生的强者！

6. 你将来会成大器的，好好努力吧。

7. 孩子，你仍然很棒。

8. 你是个聪明孩子，成绩一定会赶上去的。

9. 只要努力，下次就一定能考好。

10. 你多做几次就会了。

11. 第一次，谁都一样。

12. 告诉自己：“我能做到”。

13. 我很欣赏你在 XX 方面的才能。

14. 我相信你能找回学习的信心。

15. 孩子，我们也去试一试？

16. 凡事都要有个计划，学习也一样。

17. 珍惜时间，就是珍惜生命。

18. 你再好好思考思考。

19. 你就按自己的想法去做吧。

20. 做完作业再玩，不是玩得更开心吗？
21. 品德比分数更重要。
22. 诚实是做人的第一美德。
23. 竞争中的公平最可贵。
24. 凡事都要问一问自己的良心。
25. 要学会说一声：谢谢。
26. 你知道关心父母，这让我很开心。
27. 我很高兴你有一颗同情心。
28. 我希望你是个懂礼貌的孩子。
29. 你想做的事情，由你自己决定。
30. 自己去做吧，不要依赖别人。
31. 你可以锻炼一下自己嘛。
32. 你大胆去锻炼一下不是很好吗？
33. 拿出男子汉的勇气，闯过来。
34. 胆子大些，再大些。
35. 能够管住自己是你将来成功的保障。
36. 路是自己选的，就要对自己负责。
37. 你自己解决这个问题吧。
38. 跌到了，要自己爬起来。
39. 你一定要自己走路去上学。
40. 由你去交钱，好吗？
41. 劳动能让你更快乐。
42. 好孩子，自己的事情自己做。
43. 你也来尝尝当家的滋味。
44. 孩子，做人要坦荡，待人要坦诚。
45. 你要学会融入集体中。
46. 用你的诚心赢得他人的欢迎。
47. 不要随便地怀疑别人。
48. 朋友之间要相互信任和理解。
49. 同学之间要友爱互助。

50. 无论什么时候都不要说谎。
51. 每个人都有值得学习的地方。
52. 自我约束是对自己负责。
53. 骂人是一种可耻行为。
54. 你一定要学会控制自己的脾气。
55. 你是个懂事的孩子。
56. 有耐心才能做好任何事情。
57. 我们找个锻炼细心的事情做一做。
58. 凡事都要冷静，不能急躁。
59. 游戏可以玩，但不能沉迷其中。
60. 偏食会妨害你的成长。

附录二：毁掉孩子潜能的 40 句话

1. 你这样的孩子肯定没出息。
2. 这孩子太不争气，脑瓜笨得要命。
3. 别参加比赛了，参加了也获不了奖。
4. 你还小，懂什么？你照我说的去做就行了。
5. 你看，人家多能干，你只会玩。
6. 瞧你那副蠢样。
7. 你真让我感到羞愧。
8. 你不行，我来。
9. 你这个窝囊废。
10. 哭什么哭？竟然一点都不害臊！
11. 我说的你敢不听？老子吃过的盐比你吃过的米还多。
12. 考不上大学你还有出息吗？
13. 考好了奖励，考不好惩罚。
14. 一定要进前 5 名！
15. 为了妈妈，你一定要考好！
16. 就你这成绩以后扫大街去吧。
17. 以后我再也不会相信你！
18. 乘车时把身体放低些，省下钱给你买东西。
19. 那是为了鼓励你，随便说说的。

20. 这是公家的花，不摘白不摘。
21. 他打你了，你怎么不打他。
22. 没事，反正没人看见。
23. 那里很危险，你不能去。
24. 你还小，会把这些东西摔坏的。
25. 如果不行，就回来。
26. 别动，等你长大再帮我。
27. 你怎么那么笨，什么事都干不好。
28. 学习好就行，其他的事，不用你烦。
29. 在学校劳动时，别光傻干，学会躲着点。
30. 学校动员你们去敬老院劳动，有报酬吗?
31. 不要搭理那个学习不好的同学。
32. 你是一个好女孩，少和男同学在一起。
33. 不要领朋友到家里来。
34. 不要把你的东西借给别人。
35. 你这个没良心的自私鬼，我看见你就烦。
36. 以后再与人打架，看我不打断你的腿。
37 你这个不懂礼貌的家伙，再骂人我就打死你。
38. 败家子！你给我滚。
39. 你又说谎了，是不是?
40. 教你多少次了？为什么还那么没有礼貌!